Eli Bar-Chen · Heike Specht

Warum Schabbat schon am Freitag beginnt

Die Kinder-Uni

reist in die Welt des Judentums

Eli Bar-Chen · Heike Specht

Warum Schabbat schon am Freitag beginnt

Die Kinder-Uni

reist in die Welt des Judentums

Illustrationen von Bernd Wiedemann

impian

Für unsere Großmütter Rivka und Mathilde

Eli Bar-Chen,
geboren 1965 in Kirjat Gat, Israel, studierte Geschichte und Philosophie in Tel Aviv. Seit 1999 ist er wissenschaftlicher Assistent in der Abteilung für Jüdische Geschichte und Kultur an der Ludwig-Maximilians-Universität München. Er ist Vater einer erwachsenen Tochter.

Heike Specht,
geboren 1974, studierte Germanistik und Geschichte mit Schwerpunkt auf jüdischer Geschichte in Erlangen und München. Für ihr Buch über die Familie Feuchtwanger erhielt sie 2004 den Hochschulpreis der Landeshauptstadt München. Sie arbeitet als Lektorin.

Bernd Wiedemann,
geboren 1970, ist freier Illustrator. Er lebt in der Nähe von München.

Inhalt

Erstes Buch
9 **Die Tora**
Wer war der erste Jude?
Wie wird man eigentlich Jude?

Zweites Buch
29 **Die Pessach-Haggada – der Auszug aus Ägypten**
Woran glauben Juden?

Drittes Buch
43 **Heinrich Graetz, »Die Geschichte der Juden«**
Warum darf man am Schabbat nicht schwimmen gehen?
Warum dürfen Juden keinen Cheeseburger essen?
Warum ist das Tote Meer tot?

Viertes Buch
75 **Flavius Josephus, »Der Jüdische Krieg«**
Was macht ein jüdischer Priester in Berlin?

Fünftes Buch
93 **Siddur – Gebetbuch**
Warum regnet es in der Synagoge Bonbons?
Warum hatten die Juden eigene Stadtviertel?
Darf man in der Synagoge schwätzen?
Darf ein Arzt am Schabbat heilen?
Was macht ein Rabbiner?

Sechstes Buch

123 Moses Mendelssohn, »Jerusalem«

Wieso hörten viele Juden auf, die jüdischen Gesetze zu befolgen?

Gab es jüdische Räuberbanden?

Warum war Moses Mendelssohn traurig über seine Kinder?

Siebtes Buch

151 Anne Frank, Tagebuch

Warum schweigen Erwachsene manchmal so betreten, wenn es um die Geschichte der Juden geht?

Warum musste Anne Frank mucksmäuschenstill sein?

Achtes Buch

167 Theodor Herzl, »Der Judenstaat«

Warum wollte Theodor Herzl weg aus Wien?

Welche Sprache spricht man in Israel?

Wer lebt in Israel?

189 Zeittafel

190 Das hebräische Alphabet

ERSTES BUCH

Die Tora

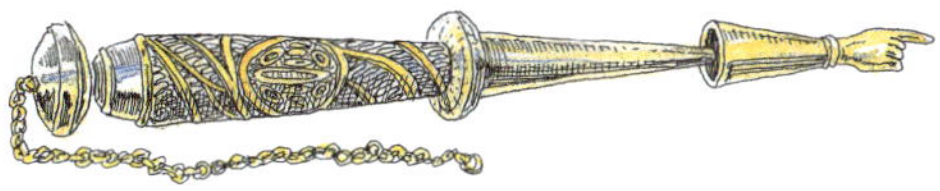

»Du hast schon wieder geschummelt!«, rief Lilli und fegte mit einer Handbewegung die bunten Figuren vom Spielbrett, »Papa, Jakob schummelt die ganze Zeit.« »Das stimmt gar nicht. Du kannst nur nicht verlieren«, Jakob sprang von der Couch. »Heute treibt ihr mich wirklich in den Wahnsinn. Könnt ihr euch nicht für fünf Minuten selbst beschäftigen, ohne dass die Fetzen fliegen?« Der Vater stand in der Wohnzimmertür, die Ärmel hochgekrempelt, einen großen Schraubenzieher in der Hand. »Papa, ich habe gar nicht geschummelt. Die da«, er deutete mit dem Kopf in Lillis Richtung, »kann nur nicht haben, dass ich besser spiele als sie.« Der Vater kratzte sich am Kopf: »Lilli, kannst du nicht noch ein bisschen mit Jakob spielen?« »Nee, ich hab jetzt echt keinen Bock mehr. Der hält sich nie an die Spielregeln«, Lilli saß auf dem Fußboden und tippte eine SMS an ihre beste

Freundin, die im letzten Sommer mit ihren Eltern nach München gezogen war, in ihr Handy. »Mama muss arbeiten und ich will heute endlich einmal die Waschmaschine reparieren, sonst haben wir nächste Woche keine sauberen Anziehsachen mehr. Also müsst ihr euch jetzt mal selbst was einfallen lassen. Und seid leise, Mama muss sich konzentrieren. Am besten, ihr geht ein bisschen an die frische Luft.« »Hast du mal aus dem Fenster geschaut?« Lilli rümpfte die Nase. »Es regnet schon den ganzen Vormittag.« »Oh«, der Vater drehte sich Richtung Fenster, »na, könnt ihr dann nicht was lesen?« »Lesen ist so langweilig«, stöhnte Jakob, »ich bin froh, dass wir übers Wochenende nicht wieder so eine doofe Geschichte aus dem Lesebuch als Hausaufgabe üben müssen.« Der Vater ließ sich aufs Sofa fallen, beugte sich nach vorn und stützte sein Kinn in beide Hände: »Wenn Oma nicht im Urlaub wäre, könnte sie etwas mit euch unternehmen, ins Kino gehen oder ins Museum.« »Ja, Oma will uns schon seit Ewigkeiten mal mitnehmen in dieses Zickzackding. Das sagt sie immer.« Jakob hatte sich noch einen Keks genommen und sah seinen Vater an. Der runzelte die Stirn. »Zickzackding? Ach, du meinst das Jüdische Museum, das …« »Was ist das denn, ›jüdisch‹?«, fiel ihm Jakob ins Wort. »Mhm. Judentum ist eine Religion, aber Juden sind irgendwie auch ein Volk. Das ist gar nicht so leicht zu erklären«, der Vater strich sich eine Haarsträhne aus dem Gesicht und überlegte: »Vielleicht könntet ihr ja allein gehen? Habt ihr Lust?« Lilli sah von ihrem Handy auf: »Von mir aus«, sagte sie ein wenig unwirsch, »alles ist besser, als hier den ganzen Tag rumzuhängen.« »Na bitte«, rief der Vater erleichtert, »Lilli, das ist die gleiche U-Bahn wie die, die du zum Judo nimmst.« »Weiß schon.« »Und du passt auf Jakob auf, ja?« »Hab' ich eine Wahl?« Der Vater grinste: »Eigentlich nicht.«

Wer war der erste Jude?

Der Vater drückte beiden einen Apfel in die Hand und gab ihnen außerdem noch eine Menge guter Ratschläge mit auf den Weg. Jakob zog sich den Anorak an. »Wo bleibst du denn, Lilli?«, rief er

ungeduldig. Sie fuhren ein paar Stationen mit der U-Bahn und liefen danach durch den Nieselregen zum Museum. Als sie zwischen all den fremden Menschen in der großen Eingangshalle standen, wünschten sie sich kurz, ihre Eltern wären doch mitgekommen, aber die mussten ja mal wieder wichtigere Dinge erledigen. Typisch. »Kuck mal, da ist eine Gruppe von Kindern, die machen bestimmt eine Führung«, Lilli puffte ihrem kleinen Bruder in Seite und deutete auf einige Mädchen und Jungen, die im Kreis um eine junge Frau neben der Cafeteria standen. »Komm, da gehen wir einfach mit.« Die beiden folgten den anderen Kindern durch lange Gänge und über Treppen zum Eingang der Ausstellung. Sie versuchten zu verstehen, was die junge Frau erklärte, aber da sie sich nicht vordrängeln wollten, war das gar nicht so einfach. Schnell ließen sie sich ablenken von den vielen Dingen, die sie an den Wänden und in Glaskästen sahen. So merkten sie gar nicht, wie die Gruppe hinter der nächsten Ecke verschwand. Plötzlich standen Lilli und Jakob allein vor einem Glaskasten.

»Wo sind sie denn hin?«, rief Jakob laut. »Pst!«, fuhr ihn Lilli an, »das ist ein Museum, da muss man leise sprechen.« »Was machen wir denn jetzt?«, flüsterte Jakob. »Du Angsthase. Es ist noch kein Mensch im Museum verloren gegangen, oder hast du so was schon mal gehört?« Lilli wandte sich von ihrem Bruder ab und schaute in die beleuchtete Vitrine, die im halbdunklen Raum stand: »Schau dir mal das an. Was ist das denn?« »T-O-R-A-Rolle,

die fünf Bücher Mose«, las Jakob langsam vor. Dann stutzte er. »Und das hier kann ich gar nicht lesen. Was ist das für eine Schrift?« Jakob tippte mit dem Zeigefinger an die Glasscheibe und deutete auf die seltsamen Zeichen.

»Bitte berührt nicht den Kasten«, hörten die Kinder eine tiefe Stimme hinter sich. Jakob nahm erschrocken die Finger vom Glas. Die Kinder drehten sich um und sahen einen alten Museumswärter mit weißem Bart und weißen Haaren in einer blauen Uniform. Er saß auf einem Hocker in der Ecke. Langsam stand er auf und stützte sich dabei auf einen Holzstock. Jakob griff nach der Hand seiner Schwester. Der alte Mann lächelte und fragte freundlich: »Seid ihr allein gekommen? Wer erklärt

HEBRÄISCH

Hebräisch ist eine sehr alte Sprache. Sie ist verwandt mit anderen semitischen Sprachen. Das sind Sprachen, die im Nahen Osten gesprochen werden. Dazu gehören zum Beispiel auch Arabisch und Aramäisch.

Das älteste und wichtigste auf Hebräisch verfasste Buch ist der »Tanach«, das ist die jüdische Bibel und dasselbe, was die Christen das Alte Testament nennen. Hebräisch schreibt man von rechts nach links, was für Linkshänder sehr praktisch ist. Und die Bücher liest man quasi von hinten nach vorne. Hebräisch zu lesen ist ziemlich schwierig, weil Vokale fast nie geschrieben werden. Das heißt auf die deutsche Sprache übertragen, statt LIEBE steht da zum Beispiel nur LB, das kann Labe oder Lebe oder Lobe oder eben Liebe heißen, das entscheidet sich immer durch den Sinn des Satzes. Ganz schön kompliziert.

euch, was ihr seht?« Er deutete auf die Tora-Rolle und sagte: »Das sieht zwar nicht wie ein Buch aus, ist aber eins, denn vor langer, langer Zeit hat man auf solchen Rollen geschrieben. Wisst ihr, was das ist?« Lilli schüttelte langsam den Kopf. »Das ist das wichtigste und heiligste Buch der Juden. Es ist in einer sehr alten Sprache geschrieben: Hebräisch, die Sprache der ersten Juden.«

Jetzt ließ Jakob die Hand seiner Schwester los und fragte neugierig: »Wer waren denn die ersten Juden? Und was steht in diesem Buch?« »Sei nicht so frech, Jakob!«, zischte Lilli ihren kleinen Bruder an, »der Mann ist doch kein Museumsführer.«

»Das ist schon in Ordnung«, erwiderte der Mann, »es ist langweilig, die ganze Zeit auf dem Hocker zu sitzen.« Jakob nickte: »Ja, das fände ich auch langweilig. Man kann ja nicht mal Musik hören.« »Mmmmh« brummte der Alte und strich über seinen Bart. Dann schwieg er wieder, sah vor sich hin, und Lilli und Jakob wussten nicht recht, was sie sagen sollten. Fast hätte man meinen können, er hätte vergessen, dass sie da waren. Doch dann begann er wieder zu sprechen: »Wer war der erste Jude? Wollt ihr ihn kennenlernen? Glaubt ihr an Zauberei?« Lilli zog die Augenbrauen hoch und sah den Mann skeptisch an. »Ich glaube an Zauberei!«, rief Jakob und machte einen Schritt nach vorne. »Und du, junge Dame?«, fragte der Museumswärter. »Das ist doch was für kleine Kinder«, sagte Lilli fest, und ihre Stimme klang fast ein wenig trotzig, »ich glaube nur das, was ich sehe.« Der alte Mann sah sie amüsiert an, und seine Augen blitzten. »So, so« sagte er, dann stellte er sich zwischen die beiden und umfasste ihre Schultern mit seinen Armen. Lilli und Jakob zuckten unwillkürlich zurück. Was fiel dem denn ein? Doch der Alte hielt sie umschlossen und sagte: »Schließt die Augen!« Er klopfte heftig mit dem Holzstock auf den Boden, poch, poch, poch, zog die beiden noch näher an sich heran und sprang in die Tora-Rolle. Ein lautes Rauschen war zu hören, und als Jakob seine Augen ein klein wenig öffnete, sah er, wie sie in einem Meer dieser seltsamen hebräischen Buchstaben trieben und in einen Strudel von Worten, Versen und Sätzen gezogen wurden. Aus Angst kniff er die Augen gleich wieder fest zusammen. Plötzlich wurde das Rauschen leiser und er spürte Boden unter seinen Füßen. »Seht mal«, sagte der alte Mann. Lilli und Jakob öffneten vorsichtig ihre Augen. »Wo sind wir denn? Das ist doch nicht das Museum? Und in Berlin sind wir auch nicht?«, stotterte Lilli verwundert, als sie um sich sah. »Ja, Bücher haben einen Zauber«, schmunzelte der alte Mann und fügte hinzu: »Kommt, lasst uns den ersten Juden treffen.«

Jakob blinzelte, die Sonne stand hoch am Himmel. Er musste seinen Anorak ausziehen, so heiß war es. So eine Hitze hatte er noch nie gespürt, nicht mal im Urlaub in Spanien letztes Jahr. Die Sonne brannte auf die Haut, die Luft war trocken, und überall lag Sand. »Ich will nach Hause«, jammerte Jakob. »Stell dich nicht so an«, sagte Lilli und folgte neugierig dem alten Mann. »Seht ihr die Stadt?«, rief der Alte und deutete auf eine Ansammlung von Häusern und die hohen Palmen, die an einem Flussufer standen. Die Ansiedlung wurde überragt von einem großen stufenförmigen Gebäude. Auf dem Fluss konnten sie ein paar Segelschiffe entdecken. »Das ist Ur, dort lebt der erste Jude. Er heißt Abraham und seine Frau heißt Sara.« »Krass«, rief Jakob, »in meiner Klasse gibt es zwei Schülerinnen, die Sara heißen.« »Mmh«, sagte Lilli verblüfft, »Kinder, die wir in Berlin kennen, heißen genauso wie die ersten Juden?« »Stimmt«, bestätigte der alte Mann. »Wie heißt du eigentlich?«, fragte Jakob. Aber der alte Mann zwinkerte ihm nur freundlich zu.

Die drei machten sich auf den Weg in den Ort und erreichten schließlich die ersten Häuser, die aus Lehm gebaut waren. Nirgends sahen sie Straßennamen oder Hausnummern. Der Alte fragte einen Mann, der ihnen auf einem Esel entgegenkam. »Ach, der verrückte Abraham, der wohnt gleich in der nächsten Straße«, anwortete der Mann wegwerfend und ritt schnell weiter. Lilli und Jakob wunderten sich ein bisschen, warum der Mann so seltsam reagiert und Abraham als verrückt bezeichnet hatte, aber sie trauten sich nicht zu fragen. Plötzlich blieb der alte Mann stehen, deutete mit seinem Stock auf ein einfaches Haus und sagte:

»Hier wohnen die ersten Juden: Abraham und Sara«. Einige Ziegen liefen erschrocken davon, als sich die drei näherten. Abrahams Haus hatte keine Tür und so traten sie einfach ein. Lilli musste ihre Augen zusammenkneifen, weil sie im Halbdunkeln des Hauses erst gar nichts erkennen konnte. Als

sich ihre Augen an die Dunkelheit gewöhnt hatten, sah sie, dass Abraham und Sara schon sehr alt waren, ihre Gesichter waren von tiefen Falten zerfurcht, und Sara hatte ihr langes graues Haar zu einem Zopf geflochten. Das Paar war gerade dabei, ein großes Bündel zu packen. Offenbar bemerkte es die drei gar nicht, doch plötzlich drehte sich Sara um und sagte: »Abraham, ich glaube, wir haben Gäste.« »Gäste?«, brummte Abraham und wandte sich um. »Oh, tatsächlich. Rasch Sara, wir brau chen Essen und Getränke. Sie müssen hungrig und durstig sein.« Abraham entschuldigte sich bei dem alten Mann, Jakob und Lilli, dass das Haus so unordentlich war. Er bat sie, im nächsten Raum Platz zu nehmen, dort lagen nur ein Teppich und einige Kissen auf dem Boden.

Schon kam Sara mit einer großen Tonschüssel, die mit Wasser gefüllt war, herein. Ihr Mann setzte sich zu den Gästen nieder und sah verblüfft die Turnschuhe der beiden Kinder an. »Komische Schuhe, so was habe ich noch nie gesehen«, murmelte er in seinen Bart, zog den Kindern die Schuhe aus und begann ihre Füße zu waschen. »Was macht er da?«, kreischte Jakob, zog seine Beine an den Körper und umfing sie mit beiden Armen, »ich will nach Hause.« »Ach, nicht schon wieder, Jakob«, versuchte seine Schwester ihn zu beruhigen und streckte Abraham ihre Füße entgegen. »Du bist ein kluges Mädchen«, sagte der alte Mann, »andere Länder, andere Sitten. So zeigt uns Abraham seine Gastfreundschaft. In einer so einsamen Gegend wie dieser ist Gastfreundschaft sehr wichtig. Reisende sind darauf angewiesen, dass man sie aufnimmt und mit Getränken und Speisen versorgt, wisst ihr?« Da betrat Sara wieder den Raum, sie trug ein riesiges Tablett, auf dem Speisen und ein Krug mit Milch standen. Abraham, Sara und die drei Besucher aus Berlin setzten sich um das runde Tablett. Die Alten begannen zu essen, dünne Brotfladen und Datteln. Jakob und Lilli suchten vergeblich nach Besteck. »Daheim dürfen wir nie mit den Fingern essen«, murmelte Jakob, dann machte er es den anderen nach.

»Warum ziehen sie eigentlich weg? Und wohin gehen sie?«, flüsterte Lilli dem alten Mann zu und steckte sich ein Stück Fladenbrot in den Mund. »Frag doch Abraham selbst, wir haben den ganzen Weg von Berlin hierher zurückgelegt, um mit ihm zu sprechen.« »Okay, ich frage ihn.« Lilli räusperte sich und fragte schüchtern: »Warum ziehen Sie um? Haben Sie anderswo eine neue Arbeit gefunden? Oder gefällt Ihnen Ur nicht mehr?« Abraham, der gerade eine Dattel vom Tablett genommen hatte, kaute gedankenverloren und sah Lilli dann nachdenklich an: »Nein, nein. Ich bin ein Schäfer, und in meinem Alter wechselt man eigentlich weder den Beruf noch den Ort.« »Aber warum machen Sie es dann?«, fragte Jakob. »Sie glauben alle, dass ich verrückt bin. Meine Nachbarn, sogar meine besten Freunde. Ich muss weg aus dieser Stadt.« »Verrückt, wieso das?«, fragte Jakob. Abraham schüttelte den Kopf und starrte auf den Boden. »Es begann vor etwa einem Jahr«, seufzte Sara. »Früher haben wir wie alle anderen Menschen hier geglaubt, dass es viele Götter gibt. Aber eines Nachts wachte Abraham auf und fing an zu weinen. Ich fragte ihn, warum er denn weine, ob es deswegen sei, weil wir keine Kinder hätten.« »Es ist

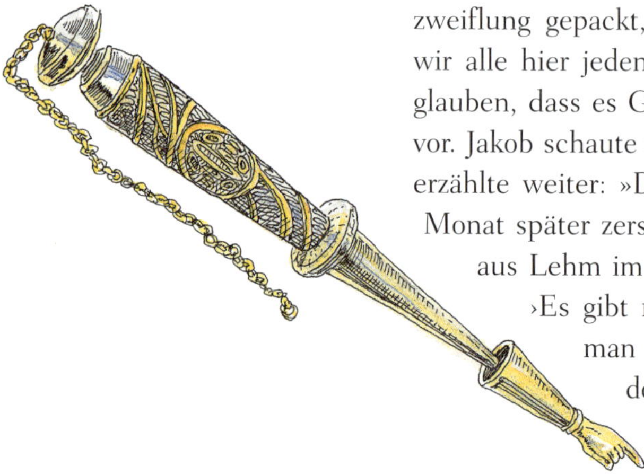

traurig, dass wir keine Kinder haben, aber deswegen habe ich nicht geweint. Mich hat die Verzweiflung gepackt, als ich verstanden habe, dass wir alle hier jeden Tag Holzpuppen anbeten und glauben, dass es Götter sind«, stieß Abraham hervor. Jakob schaute ihn mit offenem Mund an. Sara erzählte weiter: »Das war erst der Anfang. Einen Monat später zerschmetterte er alle Götzenbilder aus Lehm im Haus seines Vaters und schrie: ›Es gibt nur einen Gott. Und den kann man nicht sehen.‹« »Aber das ist doch klar«, fiel ihr Lilli ins Wort, »es gibt nur einen Gott. Und Puppen können keine Götter

TORA

Die Tora besteht aus den fünf Büchern Mose. Im Griechischen nennt man sie Pentateuch. Die Tora ist ein Bestandteil des Tanach, der hebräischen Bibel, die insgesamt vierundzwanzig Bücher enthält. Dreimal die Woche wird in der Synagoge aus der Tora vorgelesen. Dabei wird aber nicht wie in der Kirche ein großes Buch aufgeschlagen. Die Worte der Tora sind auf eine sehr, sehr lange Pergamentrolle geschrieben, die ganz kostbar ist. Jede Synagoge hat mindestens eine, manchmal auch mehrere Tora-Rollen. Das Pergament wird aus Tierhaut gemacht. Weil aber nun kein Tier auf der Welt so viel Haut hat, dass man darauf die gesamten fünf Bücher Mose schreiben könnte, werden einzelne Pergamentstücke zusammengenäht.

Wenn man die Tora aufrollt, beginnt das erste Buch Mose: »Am Anfang schuf Gott Himmel und Erde …«

Die Torarolle ist aber nicht nur deshalb so wertvoll, weil sie aus Tierleder hergestellt wird, sondern auch, weil der Text von Hand auf das Pergament geschrieben wird. Dazu benützt der Schreiber einen Federkiel, meistens die Feder einer Gans oder eines Truthahns, und tiefschwarze Tinte, und er muss sich unheimlich konzentrieren, dass er sich nicht verschreibt. Er muss sehr geduldig sein und eine ausgesprochen schöne Schrift haben. Die Tora gilt ja als Wort Gottes. Deswegen ist es sehr wichtig, dass der Schreiber keine Fehler macht. Ein Patzer oder ein falsches Wort könnte den Sinn eines Satzes verändern, und die Menschen würden Gott womöglich missverstehen.

Wenn die Lesung aus der Tora beendet ist, wird sie wieder zusammengerollt und in einen Schrein gestellt. Die Tora gilt als heilig, und deshalb darf man das Pergament nicht berühren. Man darf also, wenn man aus ihr vorliest, auch nicht mit dem Finger auf die Stelle deuten, die man gerade liest. Dafür gibt es einen Zeigestab, der meist aus Silber ist.

sein.« Ein Lächeln ging plötzlich über Abrahams und Saras runzlige Gesichter und sie sagten: »Es gibt Menschen, die uns verstehen. Wir müssen aus dieser Stadt weg.« »Aber wohin wollen Sie?«, fragte Jakob. »Ich weiß noch nicht, aber ich bin sicher, dass der einzige Gott uns den richtigen Ort zeigt«, antwortete Abraham zuversichtlich.

Wie wird man eigentlich Jude?

»Es ist spät«, sagte der alte Mann, der die ganze Zeit still zugehört hatte, und erhob sich, »wir sollten langsam aufbrechen.« Auch Jakob und Lilli standen nun auf. Die drei bedankten sich für die Gastfreundschaft und das Essen und nahmen Abschied. Lilli sagte: »Jetzt verstehe ich. Abraham und Sara sind die ersten Juden, weil sie die ersten waren, die geglaubt haben, dass es nur einen Gott gibt und dass man den nicht sehen kann. Aber wie kamen die beiden eigentlich auf diese Idee? Wie konnten sie so sicher sein?« »Das ist eine gute Frage«, sagte der alte Mann nachdenklich. »In der Tora-Rolle, die ihr im Museum gesehen habt, steht geschrieben, dass Abraham direkt mit Gott gesprochen hat. Gott hat ihm befohlen, seine Heimat zu verlassen und in ein heiliges Land zu ziehen, das wir heute Israel nennen.«

Nach kurzer Zeit hatten die drei den Platz außerhalb von Ur erreicht, an dem sie vor einiger Zeit gelandet waren. Immer noch brannte die Sonne. »Aber wie kommen wir denn nun wieder nach Hause?«, fragte Jakob besorgt. Er blickte zurück nach Ur, das nun wieder in einiger Entfernung in der vor Hitze flimmernden Landschaft lag. »Ganz

SYNAGOGE

In der Synagoge treffen sich Juden regelmäßig zur gemeinsamen Lesung aus der Tora und zum Gebet. In der Synagoge steht der Aron ha-Kodesch, das ist eine Art Schrank, in dem die zusammengerollte Tora aufbewahrt wird. Zur Lesung wird die Rolle aus dem Aron ha-Kodesch herausgeholt und zur Bima, dem Vorlesepult, getragen.

Die Synagoge ist das Herz der jüdischen Gemeinde in einer Stadt oder einem Dorf. Hier treffen sich alle, hier kommt man zusammen. Und deshalb heißt die Synagoge auch »Haus der Zusammenkunft«. Das nämlich bedeutet sowohl das griechische Wort »Synagoge« als auch das hebräische »Beit ha-Knesset«.

einfach«, sagte der alte Mann, umarmte die Kinder und schlug mit dem Stock auf den staubigen Boden. Erneut hörte man ein Rauschen, Buchstaben wirbelten um sie herum. Langsam verschwanden die fremden Schriftzeichen und bekannte Buchstaben formten sich zu Wörtern: »TORA-Rolle. Die fünf Bücher Mose.« Sie standen vor dem beleuchteten Glaskasten im Museum. Lilli schüttelte ungläubig den Kopf. Jakob seufzte sichtlich erleichtert: »Mann, das war was.« »Das Museum schließt gleich, und eure Eltern warten sicher schon auf euch«, sagte der alte Mann. »Ja, aber komisch, wir haben vom Museum noch gar nicht viel gesehen«, sagte Lilli. »Stimmt, aber dafür haben wir viele andere Dinge erlebt. Vielleicht können wir nächste Woche wiederkommen?«, fragte Jakob und sah den alten Mann an. »Warum nicht, kommt nur. Ich bin immer hier.« Jakob und Lilli verließen mit den letzten anderen Besuchern das Museum. Draußen nieselte es noch immer. Auf der Heimfahrt in der U-Bahn schwirrten ihnen die Köpfe von all dem, was sie erlebt hatten. Ihre Gesichter glühten noch ein wenig von der Sonne. Gedankenverloren aß Jakob den Apfel, den der Vater ihm morgens in die Hand gedrückt hatte, und fast hätten sie es versäumt, an der richtigen U-Bahnstation auszusteigen.

»Wo wart ihr denn so lange?«, fragte die Mutter erstaunt, als sie die beiden an der Tür in Empfang nahm. »Ihr seht so aus, als hättet ihr Fieber. Lasst mich mal fühlen.« Aber Jakob und Lilli grinsten sich nur verschwörerisch an, und Lilli fragte: »Können wir nächste Woche wieder ins Museum? Und wo ist eigentlich unsere Bibel?«

Noch mehr wunderten sich die Eltern, als Jakob und Lilli in der folgenden Woche immer wieder die große Familienbibel mit auf ihre Zimmer nahmen und dabei sehr geheimnisvoll taten. »Ich weiß nicht, was mit unseren Kindern los ist. Ich habe Jakob die ganze Woche nicht an seinem Computer gesehen. Lilli verpasst sogar ihre Lieblingsserie. Und ich will mich ja nicht beklagen, aber gestritten haben die beiden auch schon länger nicht mehr. Ich frage mich wirklich, was sie die ganze Zeit machen.« Die Mutter schüttelte den Kopf. »Wahrscheinlich hat das Museum einen magischen Einfluss auf die beiden«, sagte der Vater und steckte seinen Kopf wieder in die Zeitung.

Am nächsten Sonntagmorgen fragte die Mutter: »Wollt ihr ein paar Trauben und Kekse mitnehmen? Dann habt ihr was zu essen, wenn ihr mal Pause machen wollt.« »Wir bekommen dort doch etwas«, rief Jakob, aber seine Schwester legte den Finger auf den Mund und sagte beiläufig: »Ach, wir brauchen nichts, wir kaufen uns lieber im Museumscafé ein Eis.«

Die beiden zogen vergnügt los, erreichten den Zickzackbau, bezahlten an der Kasse ihren Eintritt und eilten weiter. In jedem Gang suchten Lilli und Jakob nach dem alten Museumswärter. Und genau wie am Sonntag zuvor war er plötzlich da. Er stand mit seinem Holzstock vor ihnen, begrüßte sie und fragte, wie ihre Woche gewesen war. »Ich habe alles über Abraham gelesen«, rief Jakob stolz. »Ja, wir haben in unserer Bibel daheim nachgeschaut«, ergänzte Lilli, »Abraham und Sara sind tatsächlich dorthin gezogen, wohin Gott sie geschickt hat.« »Ja«, sagte Jakob, »und es gibt da Städte, die haben komische Namen: Hebron, Beer-Scheva …« »Ich habe in meinem Atlas nachgesehen«, fiel ihm seine Schwester ins Wort, »das Land heißt heute Israel und Palästina. Und Ur liegt im Irak.«

Jakob erzählte dem alten Mann, dass Sara und Abraham, obwohl sie schon so alt waren, noch einen Sohn bekamen, der Isaak hieß. »Und Isaak hatte zwei Kinder: Esau und Jakob«, sagte Lilli und grinste ihren Bruder an, »jetzt weißt du, woher dein Name kommt.« »Ja, so alt ist dieser Name«, sagte der Mann. »Aber Jakob bekam später von Gott einen anderen Namen: Israel, genau wie der Name des Landes, das du im Atlas gefunden hast, Lilli. Und alle Kinder und Enkel von Abraham glaubten an einen Gott, der kein Gesicht und keine Gestalt hat.« »Das verstehe ich aber nicht«, Lilli zog ihre Stirn kraus, »wir sind keine Juden, aber ich, Jakob und unsere Eltern glauben trotzdem nur an einen Gott. Wie kommt das?« »Die Juden waren die Ersten, die daran geglaubt haben, dass es nur einen Gott gibt, und die Christen und die Muslime haben diesen monotheistischen Gedanken von den Juden übernommen«, erklärte der alte Mann. »Mono-was?«, Jakob sah den Museumswärter fragend an. »Ein Gott – ganz einfach. Monotheismus ist der Glaube an einen einzigen Gott. Diese Idee vereint Juden, Christen und Muslime.«

Lilli lehnte am Treppengeländer und beobachtete eine Gruppe von Kindern, die lärmend Richtung Ausgang stürmten, dann sagte sie nachdenklich: »Jakob und ich wurden als Babys getauft. Unsere Eltern wollten, dass wir Christen sind. Aber wie

See
Genezareth
Jericho
Jerusalem
Mittelmeer
Hebron
Totes Meer
Beer-Scheva
Rotes Meer

wird man Jude? Lässt man sich da auch taufen?« Der Alte sah Lilli an: »Nein. Die Bibel sagt, dass die ersten Juden, also Abraham und Sara, dem einen Gott vertrauten und dadurch Juden geworden sind. Und so wurden alle ihre Kinder, Enkel, Urenkel und so weiter auch Juden.« »Aber woher wissen die Juden, die heute leben, dass sie Juden sind? Ich meine, sie können sich ja unmöglich an ihre Ur-Ur-Ur-Ur-Großeltern Sara und Abraham erinnern. In dem Fotoalbum, in das Mama meine Babybilder eingeklebt hat, gibt es ganz vorne eine Seite, wo sie ihren und Papas Namen und die Namen meiner Großeltern und Urgroßeltern eingetragen hat. Aber ich glaube nicht, dass Mama sich an die Namen der Eltern meiner Urgroßeltern erinnern kann.« »Das ist eine kluge Frage, Lilli«, sagte der alte Mann, »die Juden haben ein ganz gutes Gedächtnis, ihre Erinnerung reicht weit zurück. Aber doch nicht so weit, dass man sich innerhalb der Familie an den alten Abraham erinnern könnte. Und dennoch ist es recht einfach: Jude ist, wer von einer jüdischen Mutter geboren wurde. Wenn also die Mutter Jüdin ist, dann sind ihre Kinder auch Juden.« Wieder überlegte Lilli einige Zeit: »In unserer Klasse gibt es ein Mädchen, das sich erst mit elf Jahren hat taufen las-

BRITH MILA / BESCHNEIDUNG

Jeder jüdische Bub wird am achten Tag nach seiner Geburt beschnitten. Das ist meistens auch eine Art Begrüßungsparty für das Baby. Die Familie und Freunde der Eltern kommen in der Synagoge oder im Haus der Familie zusammen. Es gibt etwas zu essen und zu trinken, und alle freuen sich über die Geburt des Kindes.

Die Beschneidung an sich ist ein bisschen blutig: Der Mohel, der Beschneider, entfernt mit einem sehr scharfen Messer die Vorhaut am Penis des Neugeborenen. Das ist zwar kein großer Eingriff, aber das Baby schreit natürlich ganz schön. Gegen die Schmerzen gab man ihm früher vorab ein paar Tropfen Wein und heutzutage oft ein leichtes Schmerzmittel. Die Mutter ist bei der Zeremonie nicht anwesend. Vielleicht weil sie bei dem Anblick zu sehr mitleiden würde. Aber nach kurzer Zeit ist alles überstanden und die Party kann weitergehen. Das Baby schläft meist kurz danach ein, und die Wunde heilt innerhalb weniger Tage.

Die Beschneidung, die Brit Mila, ist das Zeichen des Bundes, den Gott mit Abraham geschlossen hat. Das erste Buch Mose berichtet darüber, wie Gott von Abraham forderte, dass alle männlichen Nachkommen Abrahams diesen Bund vollziehen und sich beschneiden lassen sollen.

sen. Ich war zu ihrem Taufgottesdienst eingeladen. Ihre Eltern sind nicht in der Kirche, aber sie hat selber entschieden, dass sie Christin sein möchte. Das geht im Judentum nicht, oder?« Der Alte runzelte die Stirn: »Es ist jedenfalls nicht einfach. Aber man kann auch zum Judentum übertreten, wenn man bereit ist, alles über die jüdische Religion, die Gesetze und die Traditionen zu lernen.« »Dauert das lange?«, fragte Jakob. Der alte Mann musste schmunzeln: »Oh ja, Jakob, das dauert sehr lange.«

ZWEITES BUCH

Die Pessach-Haggada – der Auszug aus Ägypten

Woran glauben Juden?

»Kommt, ihr habt längst nicht alles gesehen«, sagte der alte Mann. Die drei gingen um die nächste Ecke des Zickzacks und standen vor einem großen Buch, das aufgeschlagen in der Vitrine lag. »Das muss die Tora sein, das sind doch wieder die gleichen Buchstaben wie auf der Rolle«, flüsterte Lilli. Jakob drängte sich an Lilli vorbei an den Glaskasten. »Da steht aber: PESSACH-HAGGADA, hah, was soll das denn sein? Können wir da wieder reinspringen wie letzte Woche in die Tora-Rolle?«, fragte er. »Natürlich, kommt, ich zeige euch, was eine Haggada ist. Hier werdet ihr sehen, was Judentum noch ausmacht, woran Juden noch glauben.« Dieses Mal wussten Jakob und Lilli schon, was sie machen mussten. Sie legten die Arme umeinander und um den alten Mann, auch dieser umarmte sie

und klopfte mit dem Stock auf den Boden. Die drei sprangen in das Buch und wurden mit einem Mal von drei Adlern durch die Luft getragen. Die Flügel der großen Vögel sahen aus wie Buchseiten, die im Wind auf und ab schwangen. Warme Luft blies den Kindern ins Gesicht, und Lillis Haare waren ganz zerzaust, als sie nach kurzer Zeit landeten. Wieder stand die Sonne hoch am Himmel. »Ich hatte schon geahnt, dass wir wieder in der Wüste unterwegs sein werden«, bemerkte Lilli, holte eine Flasche Sonnencreme aus dem roten Rucksack, den sie mitgenommen hatte, und cremte sich und Jakob das Gesicht und die Arme ein. »Willst du auch ein bisschen Sonnenmilch?«, fragte Jakob und hielt dem alten Mann die Flasche hin. Der Alte lachte laut und sagte: »Nein danke, für meine Falten ist das längst zu spät.«

Am Horizont zeichneten sich drei riesige Pyramiden ab. Jakob, der solche Bauwerke schon einmal im Fernsehen gesehen hatte, rief: »Wir sind ja in Ägypten, warum das denn? Ich dachte Abraham und seine Familie lebten in Israel. Haben wir uns verflogen?« »Nein, Jakob, du hast noch nicht die ganze Geschichte gelesen«, sagte der alte Mann und wandte sich um. Mit einer Handbewegung forderte er Lilli und Jakob auf mitzukommen. Es war unerträglich heiß, und das Gehen fiel den beiden Kindern schwer, denn sie versanken bei jedem Schritt im Sand. Der alte Mann begann von Abrahams Enkel Jakob zu erzählen. Jakob hatte zwölf Söhne, die oft miteinander stritten. »Das kennt ihr wahrscheinlich«, sagte der alte Mann und lächelte. »Jakob liebte besonders seinen jüngeren Sohn Josef, so dass die anderen Kinder eifersüchtig wurden. Deshalb verkauften sie Josef, als sie zusammen die Herde ihres Vaters hüteten, an eine Karawane, die vorbeizog. Dem Vater erzählten sie, dass Josef von einem Raubtier getötet worden sei.« »Das ist aber grausam.« Lilli sah den alten Mann entsetzt an. »Ist Josef gestorben?« »Nein. Er kam als Sklave nach Ägypten. Aber er war klug und wurde schließlich Berater des ägyptischen Königs.« »Die heißen Pharao«, rief Jakob dazwischen. »Stimmt, Jakob. Wenn ihr wollt, könnt ihr daheim nachlesen, welche Abenteuer Josef in Ägypten erlebte. Wir müssen uns jetzt wirklich beeilen.«

»Aber wir gehen ja gar nicht zu den Pyramiden, sondern in die ganz andere Richtung«, sagte Lilli, stapfte aber tapfer weiter über den heißen Wüstenboden. Der alte Mann drehte sich kurz zu ihr um und streckte den Arm aus: »Da vorne, wo es so staubt, da wollen wir hin.« Als sie näher herankamen, erkannten sie eine größere Menschenmenge. Männer und Frauen packten ihre Habseligkeiten,

JOSEF

Die Bibel erzählt die Geschichte von Josef, einem der zwölf Söhne Jakobs. Jakob besaß eine große Ziegen- und Schafherde und war ein wohlhabender Mann. Josef wurde von seinem Vater bevorzugt, was seine Brüder sehr ärgerte. Außerdem hatte er seltsame Träume. Einmal träumte er zum Beispiel, dass die Sonne, der Mond und elf Sterne sich vor ihm verneigten. Als er seinen Brüdern davon erzählte, wurden sie wütend, und sogar der Vater schimpfte ihn, denn der Traum zeigte, wie wichtig sich Josef nahm. Er sah sich selbst in der Mitte, alle anderen aber, Vater, Mutter und die elf Brüder, sollten sich vor ihm verneigen.

Die Brüder waren so sauer auf Josef, dass sie beschlossen, ihn loszuwerden. Die älteren Brüder mussten viele Tage und Wochen weit weg von der Familie verbringen, um die Herden des Vaters zu hüten. Eines Tages schickte Jakob Josef zu den Brüdern, um nachzusehen, ob bei ihnen alles in Ordnung war. Aber Josef kam nicht zurück von diesem Ausflug. Die Brüder erzählten dem Vater, ein wildes Raubtier habe Josef gefressen. In Wirklichkeit hatten sie ihn an eine Karawane von Händlern verkauft. Jakob war untröstlich.

Die Karawane brachte Josef nach Ägypten. Dort musste er als Sklave sehr schwer arbeiten. Doch schließlich wurde der Pharao selbst auf ihn aufmerksam und holte Josef als Traumdeuter an seinen Hof. Später wurde Josef sogar Ratgeber und Minister des Königs.

Kinder weinten, Ziegenherden standen am Rand einer staubigen Straße. »Wer sind die Menschen da?«, fragte Jakob und stolperte beinahe über einen Stein. »Das sind Juden, Jakob. Sie sind die Nachkommen von Josef und seinen Brüdern. Als in Israel eine große Hungersnot herrschte, machten sich Jakobs Söhne auf, um in Ägypten Lebensmittel zu kaufen. Hier trafen sie ihren Bruder Josef wieder und blieben bei ihm.« »Aber war Josef nicht furchtbar sauer auf seine Geschwister, die haben

ihn doch verkauft?« Lilli sah ihn skeptisch an. »Ja, am Anfang schon. Aber dann haben sie sich versöhnt«, erklärte der alte Mann und fügte hinzu: »Die Israeliten sind vierhundert Jahre in Ägypten geblieben. Hier gab es Arbeit und genug zu essen für alle. Sie haben Familien gegründet und lebten zunächst ganz gut hier.«

In der Zwischenzeit hatten die drei die Menschenmenge erreicht. Ein Mann packte einige Tonkrüge auf einen Karren, ein Kind suchte verzweifelt seine Mutter, die Menschen waren aufgebracht, das konnte man sehen. »Wohin geht ihr?«, fragte Jakob einen etwa gleichaltrigen Jungen. Dieser blieb stehen und sah Jakob neugierig von oben bis unten an. »Du hast aber seltsame Kleider«, kicherte der Junge, der selbst ein einfaches helles Gewand trug. »Was macht ihr denn hier?«, fragte Jakob noch einmal. »Alle Juden müssen Ägypten verlassen. Siehst du den Mann da vorne mit dem Holzstock?« Jakob nickte. »Das ist Moses. Die Ägypter haben unser Volk zu Sklaven gemacht, und

MOSES FÜHRT DIE ISRAELITEN AUS ÄGYPTEN

Exodus ist ein griechisches Wort und bedeutet Auszug. Die Exodus-Geschichte in der Bibel erzählt vom Auszug der Israeliten aus Ägypten. Viele Nachkommen Josefs und seiner Brüder lebten über Jahrhunderte im Land am Nil. Nachdem es ihnen lange gut gegangen war, kam ein Pharao an die Macht, der die Israeliten nicht mochte und sie sehr schlecht behandelte. Er ließ sie Sklavenarbeiten verrichten. Die Israeliten beschlossen deshalb, Ägypten den Rücken zu kehren.

Zu ihrem Anführer machten sie einen Mann, der am Hof des Pharao aufgewachsen war, aber den Israeliten angehörte. Die Bibel berichtet, wie Gott Moses beauftragt, sein Volk, die Israeliten, aus Ägypten zu führen. Das war aber gar nicht so leicht, weil der Pharao sie nicht gehen lassen wollte. Schließlich waren sie billige Arbeitskräfte. Der Pharao war so stur, dass Gott, so berichtet die Bibel, selbst eingreifen musste. Er schlug den ägyptischen König und das ganze Land mit zehn furchtbaren Plagen. So befielen schlimme Krankheiten Menschen und Tiere, Unwetter brachen herein, Heuschrecken vernichteten die Ernte, sogar die Sonne verfinsterte sich. Der Pharao erschrak so sehr über diese Dinge, dass er den Israeliten schließlich erlaubte, das Land zu verlassen.

Moses führte das Volk Israel hinaus aus Ägypten, durch die Wüste Sinai. Der Bibel zufolge empfing er dort die Zehn Gebote von Gott. Kurz bevor die Israeliten das Heilige Land, Israel, erreichten, starb Moses.

Moses hat versprochen, uns alle nach Israel zu bringen. Hast du Hunger?«, fragte der Junge, holte aus seiner Tasche etwas, das aussah wie ein rundes Stück Pappe und gab es Jakob und Lilli. »Was ist das denn?«, fragte Lilli und rümpfte die Nase. »Weil wir Ägypten so schnell verlassen müssen«, erklärte der Junge, »hatten wir keine Zeit richtiges Brot zu backen, wir haben schnell etwas in den Ofen geschoben, und das kam dabei heraus.

Schmeckt es euch? Das sind Mazzen, ungesäuertes Brot.« »Mir schmeckt es«, Lilli brach sich noch ein Stück ab. Aber Jakob verzog das Gesicht: »Komischer Geschmack. Schmeckt doch nach nichts.«

Die Menschenmenge setzte sich in Bewegung. Lilli sah den alten Mann fragend an: »Sollen wir einfach mitgehen? Es wird ja schon dunkel, unsere Eltern werden sich vielleicht Sorgen machen.« Der alte Mann beruhigte sie und sagte: »Wenn ihr

wollt, können wir zurück nach Berlin, aber wenn man in das Meer der Seiten, Verse und Buchstaben eintaucht und sich treiben lässt, folgt die Zeit anderen Gesetzen. Wir können diese Leute ruhig noch einige Tage begleiten. Für eure Eltern in Berlin werden nur ein paar Stunden vergehen. Ihr müsst euch keine Sorgen machen.« Lilli sah den Alten ungläubig an. Wie konnte das sein? »Das glaube ich nicht, ich will nach Hause«, sagte Jakob und schmiegte sich an seine Schwester. Die vielen Menschen, der Lärm der schreienden Esel, die aufgeregt meckernden Ziegen, all das machte Lilli und Jakob doch ein wenig Angst. »Na, gut. Wie ihr wollt, dann kehren wir zurück.« Der Alte stieß dreimal mit seinem Stock auf den sandigen Boden, und ehe sie sich versahen, standen die drei wieder vor dem Glaskasten mit der Haggada im Museum. Lilli lief zur großen Uhr, die in der Museumshalle hing, und sah, dass tatsächlich erst eine Stunde vergangen war, obwohl sie einen ganzen Tag in Ägypten verbracht hatten. Der alte Mann nickte: »Ja, so ist das, wenn man in Büchern reist.«

»Können wir doch noch mal zurück? Ich verspreche, das nächste Mal glaube ich dir bestimmt«, Jakob fasste die Hand des alten Mannes, »bitte, bitte.« »Moment mal, ich habe langsam wirklich Hunger. Diese Mazzen waren ja nicht schlecht, aber sie machen nicht satt«, sagte Lilli. Der alte Mann hatte plötzlich eine Idee. »Du hast Hunger, Lilli? Das trifft sich gut. Kommt, ich möchte euch etwas zeigen«, sagte er und nahm die Kinder an der Hand. Wieder führte der Museumsgang um eine Ecke. Hinter der Ecke aber stand ein Kasten, in dem viele Haggada-Bücher aus verschiedenen Ländern ausgestellt waren. Alte Bücher, moderne

Bücher, Bücher aus Marokko, Holland, Deutschland, Amerika, große und kleine, bunte und einfarbige. Jakob kratzte sich am Kopf: »In welches Buch sollen wir jetzt springen? Bitte nicht nach Marokko, da ist es wieder so heiß.« »Nach Amerika, bitte nach Amerika«, rief Lilli aufgeregt.

Wieder schlossen die drei ihre Augen, sprangen in die amerikanische Haggada und landeten vor einer Haustür. Lilli sah sich um. Sie saßen auf einer steinernen Treppe, die zu einem roten Backsteinhaus führte. An der Straßenecke leuchtete das Schild eines Hamburger-Restaurants. Jakob zupfte sie am Ärmel: »Schau mal, da drüben auf die andere Seite des Flusses.« Er deutete mit seinem Zeigefinger auf riesige Hochhäuser. »Wir sind in New York!«, rief Lilli. »Klopf ruhig an die Tür«, sagte der alte Mann, »in diesem Haus leben Juden.« Lilli pochte zaghaft an die Tür. Kurz darauf machte ein junges Mädchen die Tür auf und musterte Jakob, Lilli und den alten Mann kritisch. Dann drehte es sich um. »Papa, da stehen drei Fremde vor dem

MAZZEN

oder Mazot, wie man auf Hebräisch sagt, sehen ein bisschen aus wie Knäckebrot. Sie sind relativ hart und platt gepresst. Man kann Marmelade drauf streichen oder Nutella, aber natürlich auch Käse oder Wurst.

Mazzen isst man in der Pessach-Woche, wenn die Juden sich an den Auszug der Israeliten aus Ägypten erinnern. Wie die Israeliten vor einigen tausend Jahren, essen viele Juden bis heute zu Pessach nur Ungesäuertes. Das heißt, sie meiden Sauerteig- und Hefebrote und alle sonstigen Lebensmittel, die Chametz, also Gegorenes, enthalten, etwa Nudeln oder auch Bier.

Vor Pessach, das meist in den März oder April fällt, wird deswegen Frühjahrsputz gehalten. Das Haus wird quasi auf den Kopf gestellt, bis der letzte Rest Sauerteig, und sei es ein noch so winziger Krümel, entfernt ist. Erst wenn das erledigt ist, kann man richtig Pessach feiern.

Haus!«, rief es. »Bitte sie doch rein«, hörte man eine Stimme aus dem Wohnzimmer. »Wirklich? Ich kenne aber die Leute gar nicht. Komm doch mal.« Das Mädchen schien unsicher zu sein, ob es die drei hineinlassen sollte. Da kam ein Mann, der einen Anzug trug, und legte seine Hand auf die Schultern des Mädchens, das auch sehr festlich gekleidet war. Der Mann sagte: »Heute ist der Pessach-Abend. Wir feiern den Auszug der Israeliten aus Ägypten, und wir müssen jeden Gast, auch wenn er fremd ist, einladen, mit uns zu feiern. Das ist die Pflicht aller Juden, so ist es Tradition. Wir waren fremd in Ägypten, wir verstehen, wie man sich fühlt, wenn man irgendwo nicht zu Hause ist.«

Er führte die drei in das Esszimmer der Familie. Es roch köstlich nach Essen, und in der Mitte des Raumes stand ein festlich gedeckter Tisch. Auf einer weißen Tischdecke befand sich ein großer runder Teller und ein weiterer, der mit einem Tuch zugedeckt war. »Wie heißt du denn?«, fragte Lilli das Mädchen, »und was ist unter diesem Tuch?« »Ich bin Jessica. Und auf dem Teller hier liegen Mazzen, das ist ungesäuertes Brot«, antwortete das Mädchen. »Ich habe so was schon mal gegessen. Das schmeckt aber nicht besonders.« Jakob verzog den Mund. »Weil die Juden in Ägypten keine Zeit hatten, richtiges Brot zu backen, haben sie ungesäuertes Brot gegessen. Eine Woche im Jahr – ab heute Abend – essen wir deshalb auch kein normales Brot, sondern nur Mazzen«, erklärte Jessica. »Was? Nach so langer Zeit erinnert ihr euch noch an diese Geschichte?«, sagte Lilli verwundert. »Ja, wir lesen jedes Jahr zu Pessach dieses Buch, die Haggada, die neben dem Teller liegt. Und so vergessen wir nie, wie die Juden aus Ägypten aufge-

brochen sind. Diesen Auszug nennt man Exodus.« Jessicas Mutter kam herein, auch sie hatte ein sehr schönes schwarzes Samtkleid an. »Setzt euch doch. Jessica, hol bitte noch ein paar Gedecke.« Jessicas Brüder brachten rasch drei Stühle und rückten am Tisch zusammen. Der Vater begann aus der Haggada vorzulesen, und Jakob flüsterte dem alten Mann ins Ohr: »Jetzt verstehe ich. Wir glauben wie die Juden an einen Gott, aber die Juden essen eine Woche lang nur Mazzen. Das machen wir nicht.« »Wir feiern auch nicht den Auszug aus Ägypten«, ergänzte Lilli, »ist das bei allen Juden so?« »Macht die Augen zu«, sagte der alte Mann und pochte dreimal mit dem Stock auf den Boden. Die drei fanden sich plötzlich in einer anderen Wohnung

SEDER-TELLER

Am Seder-Abend wird das ganze Haus geschmückt und der Tisch schön gedeckt. Es gibt verschiedene Speisen, die alle etwas mit dem Auszug aus Ägypten zu tun haben. Die Familie samt Großeltern trifft sich.

In der Mitte der Tafel steht ein besonderer Teller, der Seder-Teller. Auf diesem findet man Maror, das sind bittere Kräuter, sowie einen Brei aus Äpfeln, Rosinen, Mandeln, Zimt, Zucker und ein wenig Wein. Die Kräuter und das lehmartige Püree sollen auch heute noch jeden Juden an die bitteren Tage in Ägypten erinnern, als die Israeliten als Sklavenarbeiter Lehmziegel brennen mussten. Auch ein Ei liegt auf dem Seder-Teller, und daneben steht ein kleines Schüsselchen mit Essig. Neben dem Seder-Teller liegen drei Mazzen, die mit einer schönen großen Serviette bedeckt sind.

PESSACH-SEDER

Das Pessach-Fest findet im Frühjahr statt. Bei der Feier des Pessach-Seders, des Abends, an dem das Pessach-Fest beginnt, spielen Kinder eine ganz wichtige Rolle. Die Familie liest in der Haggada gemeinsam die Geschichte vom Auszug der Israeliten aus Ägypten. Dann wird es für die Kinder besonders spannend, denn eines von ihnen, meist das jüngste, stellt die Frage: »Warum unterscheidet sich diese Nacht von allen anderen Nächten?« Und dann erklärt das Kind, weshalb diese Nacht so besonders ist: In der Pessach-Nacht darf man nur Ungesäuertes und nur bittere, keine normalen Kräuter essen.

Der Text ist sehr alt und wird seit vielen Jahrhunderten von jüdischen Kindern auswendig gelernt. Das Kind, das die Frage stellt und dann beantwortet, ist meistens schon Stunden vor dem Essen sehr aufgeregt. Es muss sich ja auch ganz schön viel Text merken. Das ist ein bisschen wie bei einem Referat in der Schule oder wie beim Aufsagen eines Gedichts. Besonders schwierig ist die Sache deswegen, weil die Frage und die Antworten auf Hebräisch vorgetragen werden müssen.

um einen ganz ähnlichen Tisch sitzend wieder. Jakob und Lilli sahen sich um. Auf dem Couchtisch lag eine Berliner Zeitung, die Jakob gleich erspähte: »Wir sind daheim in Berlin. Auch hier feiern die Juden Pessach, wie in Amerika.« Die drei stellten sich der Familie vor und hörten zu, wie der Mann, seine Frau und die Kinder laut aus der Haggada vorlasen.

Lilli und Jakob hörten die Geschichte, die bereits der Junge in Ägypten zu erzählen begonnen hatte. Die Ägypter hatten die Juden gezwungen, für sie zu arbeiten, und hatten sie sehr schlecht behandelt. Moses sammelte alle Juden, die in Ägypten lebten, und führte sie in die Sinai-Wüste. Lilli und Jakob hörten wunderbare, aber auch grausame Geschichten: Wie der Pharao die Juden nicht ziehen lassen wollte und Gott das Land mit zehn schrecklichen Plagen strafte. Wie das jüdische Volk den ägyptischen Soldaten entkam, weil Moses das Rote Meer teilte und die Juden trockenen Fußes hindurchliefen. Und schließlich, wie Moses auf den Berg Sinai stieg und dort von Gott die zehn Gebote und die Tora empfing.

»Sind alle diese Geschichten wirklich passiert?«, fragte Jakob laut. »Sei nicht so unhöflich!«, zischte Lilli ihren kleinen Bruder an und flüsterte ganz leise: »Die jüdische Familie hier am Tisch glaubt daran und feiert diese Geschichten.« Sie wandte sich an den alten Mann: »Du hast bei unserer ersten Reise gesagt, dass die Tora das heiligste Buch der Juden ist. Jetzt verstehe ich, warum: Juden glauben, dass Gott ihnen die Tora selbst am Berg Sinai gegeben hat.« »Ja, da hast du Recht. Aber jetzt seid bitte einen Augenblick still«, erwiderte der alte Mann und deutete mit seinem Kopf in

Richtung des jüngsten Kindes am Tisch. Der kleine Bub rutschte unruhig auf seinem Stuhl hin und her. Alle am Tisch schauten auf ihn, der Vater lächelte seinem Sohn aufmunternd zu. Lilli und Jakob waren gespannt, was jetzt kommen würde. Da begann der Kleine, ein Lied zu singen. Er sang in einer fremden Sprache. »Das ist Hebräisch. Hier seht ihr, was das Lied auf Deutsch bedeutet.« Der alte Mann zeigte mit seinem runzeligen Finger auf die Übersetzung des Liedes in der Haggada: »Warum ist diese Nacht anders als alle anderen Nächte?« Der kleine Bub sang weiter und gab selbst die Antworten. All das lasen Jakob und Lilli in der Haggada mit.

Die drei aßen mit der Familie das üppige Pessach-Mahl, das im Anschluss an die Lesung aus der Haggada serviert wurde. Danach schlug Jakob vor, die U-Bahn nach Hause zu nehmen. »Nein«, wandte Lilli ein, »wir sind mit der Haggada gereist und müssen erst zurück ins Museum.«

»Wollt ihr nicht noch einmal in die Wüste? Wollt ihr nicht sehen, wie Moses die Tora erhält?«, fragte der alte Mann, als sie wieder vor dem Glaskasten mit der Haggada im Museum standen. »Das war ja wirklich spannend. Aber an einem Tag in die Wüste reisen, nach New York und zurück nach Berlin, das ist schon ein bisschen viel«, sagte Jakob kleinlaut und gähnte herzhaft. »Wir kommen nächste Woche wieder ins Museum«, fügte Lilli hinzu. »Gut. Aber dann bringt bitte eure Schlafsäcke und Isomatten mit. Unsere nächste Reise wird nämlich etwas länger dauern. Ich zeige euch das Heilige Land«, rief der alte Mann ihnen nach, als sie Richtung Ausgang trotteten.

DRITTES BUCH

Heinrich Graetz »Die Geschichte der Juden«

Warum darf man am Schabbat nicht schwimmen gehen?

»Mama, wo sind eigentlich unsere Schlafsäcke und die Isomatten?«, fragte Lilli ganz beiläufig beim Abendessen am folgenden Donnerstag. »Wozu braucht ihr die denn?«, entgegnete die Mutter. »Wir reisen nach Jerusalem, ans Tote Meer und den See Genezareth«, rief Jakob. »Ach so«, sagte der Vater und grinste, »komisch, eure Lehrerin hat uns gar nichts davon gesagt, dass ihr eine Klassenfahrt macht. Habt ihr denn schon Flugtickets?« »Die brauchen wir nicht«, rief Jakob, »wir gehen morgen ins Museum. Wir springen mit einem alten Mann in jüdische Bücher, und so können wir ganz umsonst nach Israel fahren.« Die Mutter sah ihre Kinder mit großen Augen an, dann sagte sie nach einer Weile nachdenklich: »Ihr habt schon einiges im

Museum erlebt, was? Vielleicht verliert man ja die Phantasie, wenn man älter wird.« »Ja, nehmt ruhig eure Schlafsäcke mit, aber seid pünktlich zum Abendessen wieder da. Sonst muss ich mir Sorgen machen. Oder besser noch: Vielleicht sollten wir einfach mitkommen?«, schlug der Vater vor. Jakob wurde rot, aber Lilli sagte blitzschnell: »Ach Papa, das müsst ihr wirklich nicht. Ihr habt ja immer so viel zu tun.« »Und außerdem müssen wir erst den alten Mann fragen«, rutschte es Jakob heraus. Lilli trat Jakob unter dem Tisch gegen das Bein, worauf Jakob noch ein wenig röter wurde. Die Eltern sahen sich an. Plötzlich fing die Mutter laut an zu lachen, und bald lachten alle mit. »Warum eigentlich nicht«, sagte der Vater schließlich und wischte sich die Tränen aus den Augen, »ein Land durch Bücher bereisen, das ist doch eine geniale Idee.«

Am Freitag nach der Schule gingen Lilli und Jakob direkt ins Museum. Der alte Mann erwartete sie schon. »In welches Buch springen wir denn heute? Ist es wieder ein heiliges Buch, wie die Tora oder die Haggada?«, fragte Jakob. »Schnell, schnell«, antwortete der Alte, »bald beginnt der Schabbat.« Lilli sah ihn an: »Schabbat? Was ist das? Warum muss man sich da beeilen?« »Das seht ihr gleich«, erwiderte der Alte, »folgt mir.« Er ging um die nächste Ecke und blieb vor einer Vitrine stehen, in der mehrere dicke ledergebundene Bücher standen. »Das ist gar kein Hebräisch. Ich kann das ja lesen«, sagte Jakob, drückte seine Nase gegen das Vitrinenglas und las laut vor: »Die Geschichte der Juden. Von Heinrich Graetz«. »Was hat das denn mit Schabbat zu tun?«, fragte Lilli. »Beeilt euch«, sagte der alte Mann und umarmte die beiden. Wie in der Woche zuvor klopfte er mit seinem Holzstock dreimal auf den Boden und die drei sprangen in »Die Geschichte der Juden«. Dieses Mal tauchten sie weder in ein Meer von Buchstaben, noch flogen sie auf Buchseiten durch die Luft. Nein, dieses Mal wurden die dicken Bücher zu Stufen und ordneten sich an zu einer riesigen Treppe. Es war zwar keine Rolltreppe, aber trotzdem war es ganz leicht, hinabzusteigen in eine bezaubernd schöne Landschaft, wie sie sie noch nie gesehen hatten. Wieder war es warm, aber nicht so heiß wie bei Abraham und Moses.

»Es ist gar nicht sandig, alles ist grün«, sagte Lilli und schaute sich um. »Die Bauern da, wo wollen die denn so schnell hin?« »Ist das der See Genezareth? Den habe ich im Atlas gesehen, als Lilli mir Israel gezeigt hat.« »Richtig, Jakob. Wir sind am See Genezareth. Aber wir müssen uns jetzt beeilen. Seht ihr die Fischer da drüben? Die packen auch ihre Sachen zusammen. Die Sonne geht bald unter. Wir müssen in die Ortschaft dort, kommt mit«, rief ihnen der alte Mann zu, der schon ein paar Schritte vorausgegangen war. Lilli und Jakob rannten ihm nach. Sie kamen zu einem Haus. Lilli sah vorsichtig in das Fenster hinein und erkannte eine Frau in einem langen einfachen Gewand. Sie trug ein Tuch um den Kopf. Neben ihr standen zwei kleine Mädchen und beobachteten die Frau, die wohl ihre Mutter war. Die Mutter entzündete eine Kerze, hob die Hände vor das Gesicht und murmelte etwas. »Sie entzündet die Schabbat-Kerzen«, flüsterte der alte Mann Lilli zu, »sie

und ihre Töchter begrüßen den Schabbat.« Lilli sah den Alten verwirrt an. »Den Schabbat?« »Ja, heute ist Freitag. Und Freitag bei Sonnenuntergang beginnt der Schabbat, der Ruhetag. Deshalb mussten wir uns vorhin so beeilen. Und deshalb haben sich die Bauern und die Fischer, die wir gesehen haben, so schnell auf den Heimweg gemacht. Den Schabbat verbringt die Familie gemeinsam. Man betet und isst zusammen«, erklärte der alte Mann und nahm Lilli und Jakob an die Hand. Er pochte an den Türrahmen, und ein Junge in Lillis Alter öffnete die Tür. »Schabbat Schalom«, sagte der alte Mann. »Schabbat Schalom«, erwiderte der Junge und sah die Besucher neugierig an. »Wer ist das denn?«, rief eine Stimme aus der Küche. »Ich weiß nicht, Mama. Ich kenne die Leute nicht.« Die Mutter kam zur Tür und bat die drei herein. »Es ist ganz wichtig, Reisenden am Schabbat die Möglichkeit zu geben mitzufeiern«, erklärte der alte Mann Lilli und Jakob. »Wie bei Abraham und Sara und wie bei den Familien in New York und Berlin vorige Woche«, staunte Jakob. »Wenn ein jüdischer Mann oder eine jüdische Frau auf Reisen ist oder neu in einer Gegend, wird er oder sie von anderen jüdischen Familien am Ort eingeladen, den Schabbat mit ihnen zu verbringen. Das ist seit Jahrhunderten so Brauch«, erklärte der Alte.

Als sie durch die Tür ins Haus gingen, bemerkten Lilli und Jakob eine längliche Kapsel am Türpfosten. Jakob blieb einen Augenblick stehen und sah zu der Kapsel hinauf. Sie war mit einfachen Nägeln in den Holzpfosten geschlagen. Er wollte den alten Mann nach der Kapsel fragen, aber die Mutter bat die Gäste, Platz zu nehmen. Auch der Rest der Familie setzte sich. »Schabbat ist also wie Pessach«, sagte Jakob. »Ist unter dem Tuch da wieder ungesäuertes Brot? Ich dachte, die Juden essen das nur einmal im Jahr?« »Ja und nein«, der alte Mann lächelte. »Unter dem Tuch liegt tatsächlich Brot. Aber keine Mazzen, sondern normales Brot. Wie zu Pessach isst die Familie zusammen, und wie an fast allen jüdischen Feiertagen ist es verboten zu arbeiten. Aber Schabbat ist jede Woche, nicht nur einmal im Jahr.« »Ah, ich verstehe«, sagte Lilli und sah ihren Bruder überlegen an, »Schabbat ist wie Sonntag bei uns.« »Naja, nicht ganz«, der Alte strich sich über den Bart. Jetzt grinste Jakob seine Schwester schadenfroh an. »Schabbat ist wie der Sonntag ein Ruhetag. Wie die Idee von dem einen Gott, so haben die Christen von den Juden auch die Einrichtung eines Ruhetages übernommen.« »Aber wann ist denn nun Schabbat? Freitag oder Samstag?«, fragte Jakob ungeduldig. »Schabbat beginnt Freitag kurz vor Sonnenuntergang. Und er endet am Samstag, sobald man drei Sterne am Himmel sehen kann«, erklärte der alte Mann.

Jakob schaute in die Runde. Neben dem Vater und der Mutter saßen fünf Söhne und zwei Töchter. Die älteren Söhne waren schon erwachsen. Wie der Vater trugen sie einen Vollbart und über ihrem Gewand ein viereckiges weißes Stück Stoff mit blauen Streifen, von dem an allen vier Ecken Stofffäden herabhingen. Die Familie saß auf einem bunten Teppich auf dem Boden, genauso wie Lilli und Jakob es bei Sara und Abraham gesehen hatten. In der Mitte lag das bedeckte Brot, und davor stand ein Keramikkrug gefüllt mit Wein. Der Vater segnete den Wein, füllte einen Becher und reichte diesen an seine Frau weiter. Dem Alter nach trank jedes Kind aus dem Becher. Einer der jüngeren

Söhne streckte schließlich Jakob den Kelch entgegen. »Ich mag aber keinen Wein.« Jakob verzog das Gesicht. »Ich glaube nicht, dass Mama das erlaubt.« »Das ist wie bei Abraham, so zeigen sie uns ihre Gastfreundschaft. Mach schon, nimm einen kleinen Schluck«, flüsterte Lilli. »Ihr seid zwar keine Juden, aber ihr seid Fremde, und Fremde werden am Schabbat wie Freunde in den Kreis der Familie aufgenommen. Das ist ein göttliches Gesetz«, sagte der Vater, »genau wie das Einhalten des Schabbat.« »Woher weiß er, dass wir keine Juden sind«, flüsterte Lilli dem alten Mann ins Ohr. Der Familienvater, der gehört hatte, was sie gesagt hatte, lachte: »Dein Bruder – das ist doch dein Bruder? – trägt keinen Tallit, das Gewand, das alle Juden tragen müssen.« Er deutete auf das weiße viereckige Stück Stoff auf seiner Brust. »Das steht auch in der Bibel, die Moses von Gott bekommen hat.«

»Ja, am Berg Sinai«, rief Jakob. Der Vater nickte: »Woher weißt du das denn?« Jakob antwortete mit einer Gegenfrage: »Müssen alle Männer Bart tragen?« »Ja, wir dürfen uns nicht vollständig rasieren.« »Auch das steht in der Bibel?«, fragte Lilli. »Richtig«, der Vater sah sie an, »und meine Aufgabe als Vater ist es, diese Worte Gottes meinen Kindern weiterzusagen. Aber jetzt kommt, lasst uns essen.«

Sie begannen mit dem Mahl, und während Jakob und Lilli mit der Familie zusammensaßen, brannten einige der Schabbat-Kerzen herunter und erlo-

TALLIT

Der jüdische Gebetsmantel wird Tallit genannt. Es gibt einen großen Gebetsmantel, den Tallit gadol, der zum Gebet über der normalen Kleidung getragen wird. Er ist meistens weiß und verziert mit blauen oder schwarzen Streifen. An den vier Ecken des Tallits sind die sogenannten Zizit angebracht. Das sind Bündel von langen, mehrfach geknoteten Fäden. Beim Gebet legt man den Tallit über die Schultern, manchmal auch über den Kopf.

Der Tallit katan, der kleine Tallit, sieht ganz ähnlich aus wie der große Tallit, ist aber natürlich kleiner und hat in der Mitte ein Loch für den Kopf. Viele fromme Juden tragen ihn ständig unter ihrer alltäglichen Kleidung. Morgens streift man sich den kleinen Tallit über, so dass ein etwa quadratisches Stück Stoff die Brust und den Rücken bedeckt. Darüber zieht man dann sein Hemd oder T-Shirt an. An den vier Ecken des Tallit katan hängen ebenfalls die Zizit. Ob jemand den kleinen Tallit trägt oder nicht, erkennt man nur an den Zizit, die unter dem Hemd heraushängen.

schen. »Warum zünden sie denn keine neuen Kerzen an?«, sagte Lilli leise. Wieder antwortete der Vater: »Am Schabbat dürfen wir weder Feuer entzünden noch unsere Felder bestellen. Das Essen hat meine Frau schon am Nachmittag vorbereitet, auch sie erholt sich an diesem heiligen Tag.« »All das hat Gott Moses befohlen?«, staunte Jakob. »Stimmt, mein Junge«, der Vater nickte und reichte noch einmal Brot in die Runde. »Was ist sonst noch verboten am Schabbat?«, wollte Lilli wissen. »Ach«, er winkte ab, »eine ganze Reihe von Dingen: Musik machen, das Haus putzen oder Kaputtes reparieren. Das scheint ganz schön kompliziert, aber für uns ist es ziemlich einfach. Ich habe es in meiner Kindheit von meinen Eltern gelernt. Für mich

DAS KÖNIGREICH SALOMONS

Der erste König der Israeliten hieß Saul (auf Hebräisch spricht man ihn Schaul aus), und er wurde vor ungefähr dreitausend Jahren zum König gesalbt. Eigentlich hatten die Israeliten damals noch gar kein vereintes Land, sie waren in zwölf Stämme aufgeteilt. Sauls Nachfolger war David. Er war lange Jahre König von Israel und Judäa und führte viele Kriege gegen benachbarte Stämme. Unter seiner Herrschaft wurde Jerusalem erobert und zur Hauptstadt ausgebaut. Die Stadt wurde auch deshalb so wichtig für die Israeliten, weil die Bundeslade nun hier aufbewahrt wurde. In dieser Lade aber, so berichtet der biblische Prophet Samuel, befanden sich die Tafeln mit den Zehn Geboten, die Moses von Gott empfangen hatte.

Als König David starb, übernahm sein Sohn Salomon (auf Hebräisch Schlomo) die Herrschaft. Er fand, dass man ein Gebäude errichten müsse für die Bundeslade. Und weil die Lade so wertvoll und sehr heilig war, musste auch das Gebäude besonders prunkvoll sein. So entstand der erste Tempel in Jerusalem, und die Bundeslade wurde im Allerheiligsten dieses Tempels aufbewahrt. Im Gegensatz zu seinem Vater verzichtete Salomon auf Kriege. Unter seiner Herrschaft lebten die Israeliten in Frieden und Wohlstand. Salomon gilt als sehr weiser Herrscher, er war nicht nur König, sondern auch oberster Richter im Land. In der Bibel gibt es sogar drei Bücher, in denen seine Weisheiten aufgezeichnet wurden.

und meine Familie, für meine Tiere und für Fremde wie euch, die uns besuchen, ist der Schabbat eine Gelegenheit, sich richtig auszuruhen.« »Aber was passiert, wenn man diese Gesetze nicht einhält?«, fragte Jakob und bemerkte im selben Moment, wie der älteste Sohn ihn auf einmal grimmig ansah. »Das sind Fremde, Jehuda.« Der Vater legte beschwichtigend seine Hand auf die Schulter des Sohnes und wandte sich an Jakob: »Wir sind im Land Israel. König Salomon regiert in der Hauptstadt Jerusalem, in unserer heiligen Stadt. Unser König hat seine Richter, eine Polizei und eine Armee. Die Schabbat-Gesetze, wie alle Gesetze des Moses, sind unsere Landesgesetze. Lass uns jetzt weiter essen, und wenn du willst, kann ich dir vor dem Zubettgehen alles erklären.«

Die Familie und ihre Gäste beendeten das Mahl, und Jakob und Lilli schliefen auf den Kissen am Boden ein. Der Vater betrachtete den schlafenden Jakob und sagte zu dem alten Mann: »Ich werde ihm morgen seine vielen Fragen beantworten. Jetzt legen wir uns alle schlafen. Schließlich ist Schabbat.« Das war die erste Nacht, die die Kinder fern von Berlin verbrachten.

Als Lilli und Jakob am nächsten Morgen erwachten, stand die Sonne bereits hoch am Himmel. Der ganze Raum war von Licht durchflutet. Jakob schnupperte: »Es riecht nach Essen.« Lilli erhob sich langsam und schaute aus dem Fenster: »Ich glaube, es ist schon ganz schön spät.« Der alte Mann und die Familie saßen in dem großen Zimmer, wo sie gestern Abend gegessen hatten, und sprachen leise miteinander, um Lilli und Jakob nicht zu wecken. »Kuck mal, unsere Gäste sind auch aufgewacht«, sagte Jehuda zu einer seiner

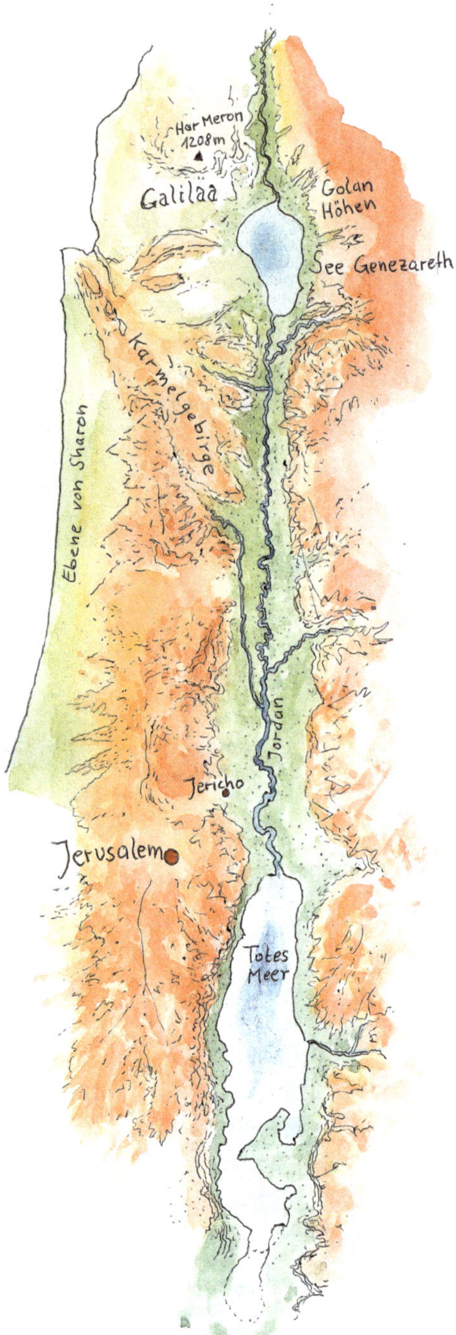

Schwestern und kam zu Lilli und Jakob. »Wenn ihr euch waschen wollt, draußen am Ufer steht ein Waschtrog.« »Habt ihr kein Badezimmer?«, fragte Jakob und holte die Zahnbürste aus seinem Kulturbeutel, den er vorsichtshalber mitgenommen hatte. »Badezimmer? Was soll das sein?« Jehuda betrachtete neugierig Jakobs Zahnbürste. »Jakob, wir sind in einem anderen Land und in einer anderen Zeit. Komm, wir waschen uns draußen. Das ist ein bisschen wie auf dem Campingplatz.« Lilli nahm ihren Bruder am Arm und zog ihn hinter sich her. Die beiden Geschwister begnügten sich mit einer Katzenwäsche. Lilli betrachtete die hohen gelben Berge auf der anderen Seite des Sees, die sich auf der Wasseroberfläche spiegelten. »Das sind wohl die Golanhöhen«, murmelte sie gedankenverloren. »Südlich von hier muss irgendwo der Jordan fließen, das habe ich im Atlas gesehen. Es ist so ruhig hier. Keine Autos, keine Züge, das ist so schön.«

Lilli und Jakob gingen ins Haus zurück. »Habt ihr Hunger?«, fragte der alte Mann, »wir essen gleich.« »Ich finde das unfair«, Lilli zog die Stirn kraus, »jetzt hat die Mutter doch gekocht. Ich dachte, der Ruhetag gilt auch für sie! Sie musste also doch aufstehen und für alle kochen. Mutti würde das nie mitmachen.« Der alte Mann lachte: »Keine Sorge Lilli, auch die Mutter hat heute einen freien Tag. Das Essen hat sie bereits gestern Nachmittag

vorbereitet und zwar nicht nur für den Abend, sondern auch für heute. Seht mal, diese großen Töpfe mit Fleisch, Weizenbrei, Eiern und anderen Köstlichkeiten stehen seit gestern auf kleinem Feuer, so dass wir auch heute eine warme Mahlzeit haben. Deshalb riecht das ganze Haus nach Essen. Das nennt man Schabbat-Duft.« Wie am Tag zuvor segnete der Vater das Brot und den Wein, und dann aß die Familie gemeinsam. Jakob rieb sich nach dem Essen zufrieden den Bauch: »Puh, jetzt kann ich keinen Bissen mehr runterkriegen.« »Vielleicht können wir nachher im See baden?«, fragte Lilli. »Oh ja, klasse«, rief Jakob, »wir haben zwar kein Badezeug mit, aber ...« Jehuda schüttelte den Kopf: »Am Schabbat darf man auch nicht schwimmen.« »Was? Und was macht ihr dann die ganze Zeit? Einen Fernseher habt ihr ja auch nicht, oder?« Jehuda sah Jakob fragend an und antwortete dann: »Wir besuchen unsere Familie im Dorf, und Vater erzählt uns von Abraham, Jakob und Moses und erklärt uns die Gesetze.«

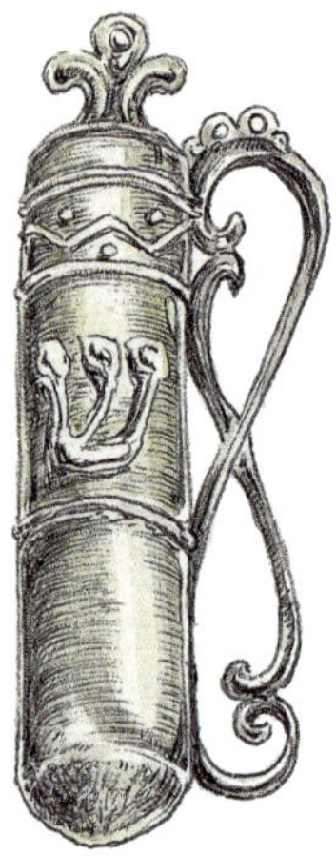

»Hattest du gestern nicht noch ein paar Fragen, Jakob?«, sagte der Vater, aber der Junge konnte seine Enttäuschung kaum verbergen. Er wollte unbedingt schwimmen gehen und ein bisschen die Gegend erkunden. Und nun durfte er nicht, nur weil Schabbat war. Aber er wollte auch nicht unhöflich sein, und so klagte er nicht, sondern fragte: »Was ist in den Kapseln, die an den Türpfosten hängen?« »In den Kapseln ist ein Stück Pergament mit heiligen Wörtern verborgen«, erklärte der Vater. »Aber was steht darauf? Ein Geheimnis?« Jakobs Neugierde war geweckt. »Nein Jakob, kein Geheimnis. Im Gegenteil. Darauf steht, dass wir die Gesetze Gottes einhalten müssen. Die Kapsel heißt

MESUSA

An der Tür zum Kinderzimmer hängen manchmal Schilder oder kleine Holztafeln, auf denen der Name des Kindes steht, das in dem Zimmer wohnt. Hin und wieder gibt es auch Aufkleber wie »Erwachsene müssen draußen bleiben«. Manchmal hängt man sich auch einen Zettel zur Erinnerung an die Tür: »Schlüssel nicht vergessen!«

Die Mesusa wird auch am Eingang einer Wohnung oder eines Zimmers angebracht. Allerdings nicht auf der Tür, sondern am Türrahmen. Sie hat auch nicht die Form eines Schildes, sondern ist eine Kapsel, aber dennoch enthält die Mesusa eine wichtige Botschaft. In der Kapsel ist ein Stück Pergament eingerollt, auf dem Worte aus dem Fünften Buch Mose geschrieben stehen: »Höre, Israel, der Herr ist unser Gott, der Herr allein. Und du sollst den Herrn, deinen Gott, lieben von ganzem Herzen, von ganzer Seele und mit all deiner Kraft. Und diese Worte, die ich dir heute gebiete, sollst du zu Herzen nehmen und sollst sie deinen Kindern einschärfen und davon reden, wenn du in deinem Hause sitzt oder unterwegs bist, wenn du dich niederlegst oder aufstehst. Und du sollst sie binden zum Zeichen auf deine Hand, und sie sollen dir ein Merkzeichen zwischen deinen Augen sein, und du sollst sie schreiben auf die Pfosten deines Hauses und an die Tore.«

Diese Worte befinden sich nicht nur in der Mesusa, sondern auch in einem kleinen schwarzen Kästchen, dass jüdische Männer beim Gebet auf der Stirn tragen. Auf diese Weise soll die Botschaft niemals vergessen werden. Immer wenn man die Wohnung verlässt oder nach Hause kommt, sieht man die Mesusa und wird an die Worte aus dem Fünften Buch Mose erinnert. Gleichzeitig ist die Mesusa aber auch ein bisschen so etwas wie ein Erkennungsschild. Sie gibt zwar nicht den Namen dessen an, der in dem Haus oder der Wohnung lebt, aber sie zeigt doch allen, die an dieser Tür vorübergehen, dass hier Juden wohnen.

Mesusa. Sie muss an jedem Türpfosten aufgehängt werden. Jehuda, bring mal deine Gebetsriemen.« Lilli betrachtete die schwarzen Lederriemen, die der Älteste in den Händen hielt. »Das sind Tefillin, unsere Gebetsriemen. Jeder Mann legt sie am Morgen für das erste Gebet an.« Lilli nahm die Riemen in die Hand. Es war ein längerer und ein kürzerer Riemen mit jeweils einem schwarzen Kästchen. »In den quadratischen Kästchen steckt, wie in der Mesusa, ein Pergament mit den heiligen Worten«, erklärte der Vater. »Den längeren Riemen binden wir um den linken Arm, den kürzeren um den Kopf, so dass das Kästchen auf unserer Stirn und neben unserem Herzen ist. Mit der Mesusa, dem Tallit und den Gebetsriemen vergessen wir nie unsere Gesetze, zum Beispiel, dass Samstag ein Ruhetag ist.« Jakob grinste: »Wenn ich mich an etwas erinnern will, lese ich das in einem Buch nach. Ist das nicht einfacher?« »Was sind denn Bücher?«, fragte Jehuda. »Na, so was wie die Tora-Rollen. Wir haben so

eine schon gesehen«, erklärte Jakob. Jehuda sah Jakob erstaunt an und sagte: »Tora-Rollen sind sehr wertvoll.« »Bücher gibt es noch gar nicht«, flüsterte Lilli ihrem Bruder zu und sagte laut: »Wenn man diese Riemen jeden Tag anlegt, den Tallit trägt, immer die Mesusa vor Augen hat und die Gebote immer wieder vom Vater erklärt bekommt, vergisst man sie nie. Das ist eine schlaue Methode. So sollte ich mich auf meine Prüfungen in der Schule vorbereiten«, sagte Lilli.

»Da, die ersten Sterne!«, rief Jakob. »Der Schabbat ist vorbei!«

Endlich konnten Lilli und Jakob mit Jehuda an den See gehen. Später betrachtete Lilli noch eine Weile den klaren Sternenhimmel und die zahllosen Sterne, die sie in Berlin so noch nie gesehen hatte, und rieb sich dann die Augen. »Obwohl wir heute gar nichts unternommen haben, bin ich furchtbar müde.« Der alte Mann deckte sie und Jakob mit einer Decke zu und murmelte: »Die Schabbat-Ruhe war wirklich nötig, wir haben eine lange Reise vor uns.«

»Wo können wir Reittiere mieten?«, fragte der alte Mann nach dem Morgengebet den Vater der Familie. »Heute soll eine Karawane mit Kamelen und Eseln nach Jerusalem aufbrechen. Vielleicht könnt ihr euch einfach diesen Leuten anschließen. Dann kommt ihr sicher in etwa einer Woche, vor dem nächsten Schabbat, in unserer Hauptstadt an«, erwiderte dieser. »Meine Frau hat euch Proviant für die kommenden Tage zusammengepackt. Und hier sind ein paar Geschenke für euch.« Der Vater überreichte den Gästen drei lange Tücher. »Es ist sehr heiß im Jordantal. Manchmal ist es auch recht windig und man bekommt Sand und Staub ins Gesicht«, erklärte der Vater und wickelte Jakob und Lilli die Tücher um den Kopf. »Das schützt euch auf der Reise vor Sonne und Wind.« Der alte Mann, Jakob und Lilli bedankten sich bei allen. Jehuda half ihnen noch dabei, auf die riesigen

JERUSALEM

Jerusalem sieht man ziemlich oft im Fernsehen. So, wie man Paris am Eiffelturm und London an der Tower Bridge erkennt, steht die goldene Kuppel des Felsendoms eindeutig für Jerusalem.

Wenn es um Jerusalem geht, gibt es immer schnell Diskussionen und Streit. Das liegt vor allem daran, dass die Stadt für drei große Weltreligionen heilig ist: für das Judentum, das Christentum und den Islam. Die Juden erinnern sich an den Tempel, der hier gestanden hat, bis er von den Römern zerstört wurde. Für die Christen, egal ob evangelisch, katholisch oder orthodox, ist Jerusalem heilig, weil Jesus hier gestorben ist und begraben wurde. Und die Muslime glauben daran, dass Muhammad von hier aus in den Himmel aufgefahren ist. In Jerusalem haben Juden, Christen und Muslime ihre heiligen Stätten: Die Klagemauer, die Grabeskirche, den Felsendom und die Al-Aksa-Moschee.

Wenn man einen Blick auf die Geschichte der Stadt wirft, stellt man schnell fest, das es um Jerusalem immer wieder Kämpfe, sogar Kriege gab. Regelmäßig wurde die Stadt geplündert, in Brand gesteckt, zerstört und anschließend wieder aufgebaut. König David kämpfte um sie, aber auch die Römer, die Kreuzfahrer, die Osmanen, die Engländer. Und schließlich ist Jerusalem, die Hauptstadt des Staates Israel, bis heute Zankapfel im Streit zwischen Israelis und Palästinensern.

Kamele zu klettern, die sich kurz darauf schwankend in Bewegung setzten. Lilli und Jakob sahen, wie das Dorf hinter ihnen immer kleiner wurde. Das Reiten auf den Kamelen war ziemlich anstrengend. Sie schaukelten hin und her, und die beiden Kinder wurden richtig seekrank, es wurde ihnen schwindlig und ganz flau im Magen. Aber nach einigen Stunden hatten Jakob und Lilli sich an den Schritt der Kamele gewöhnt und sie sahen sich in der unbekannten Umgebung um. Es war sehr heiß,

und der Boden war trocken. Aber die beiden Uferseiten des Flusses waren grün, es gab viele Sträucher und Büsche. Auch hohe Palmen wuchsen hier und dort und spendeten ein wenig Schatten. »Wie lange dauert es denn noch, bis wir in Jerusalem sind?«, fragte Jakob immer wieder. »Jakob, du gehst mir wirklich auf die Nerven. Es dauert mindestens eine Woche. Wenn du noch einmal fragst, bitte ich den alten Mann, dreimal mit dem Stock auf den Boden zu schlagen und uns nach Berlin zurückzubringen. Dort warten die Schule und Hausaufgaben auf dich, willst du das?« Lilli sah ihren kleinen Bruder zornig an. »War ja nur eine Frage«, sagte Jakob und schnitt eine Grimasse.

Warum dürfen Juden keinen Cheeseburger essen?

Plötzlich tauchte in der Ferne ein größeres Bauwerk auf, das ein bisschen aussah wie eine Burg.

Die Karawane erreichte die Festung, die von Soldaten mit Schwertern und Schildern bewacht wurde, und machte halt. Die Soldaten trugen schwere Rüstungen. Lilli sah sich die Männer genau an, sie erinnerten sie an die Kämpfer in Filmen wie »Gladiator« und »Alexander«, die sie im Kino gesehen hatte. Jakob fragte den alten Mann, warum plötzlich so viele Soldaten um sie herum waren: »Ist hier denn Krieg?« »Mach dir keine Sorgen«, beruhigte der alte Mann den Jungen. »Die Juden führten immer wieder Krieg mit ihren Nachbarn, sie galten als tapfere Kämpfer, aber König Salomon wollte keine Kriege und schloss Frieden mit den Feinden. Die Soldaten sind nur zur Verteidigung da, wie die Soldaten der Bundeswehr in Deutschland heute.« »König Salomon find ich echt gut, das war ein kluger König, was?«, sagte Jakob. »Ja, so wird König Salomon auch von den Juden betrachtet, als der weiseste Herrscher. Er ist der Sohn von König David und der dritte König der Juden überhaupt. Viele Könige kamen nach ihm. Aber keiner war so klug wie er. Salomon schrieb Gedichte und Bücher«, erklärte der alte Mann.

Die drei gingen durch ein Tor in den Innenhof der Festung. Sie setzten sich an einen großen Holztisch. Ein dicker Mann, der eine Schürze umgebunden hatte, kam zu ihnen, aber er brachte keine Speisekarte, sondern stellte wortlos drei Teller mit gebratenem Hammel und Fladenbrot auf den Tisch. Im Weggehen drehte er sich noch einmal um und murmelte: »Ihr könnt die Hände dort drüben waschen. Gleich bringe ich euch Salz, damit ihr das Brot vor dem Essen segnen könnt.« »Ach ja, Mama will auch, dass wir uns die Hände waschen, bevor wir uns an den Tisch setzen, besonders nach so einer langen Reise, aber was sollen wir mit dem Salz machen?« Jakob kratzte sich am Kopf. »Das ist bestimmt wieder ein Gesetz«, sagte Lilli. »Ihr lernt wirklich schnell«, der alte Mann klopfte Lilli auf die Schulter. »Sowohl das Händewaschen als auch das Brotsegnen sind im jüdischen Gesetz vorgeschrieben, wie einige andere Speisegesetze.« »Was sind denn Speisegesetze?«, fragten Jakob und Lilli gleichzeitig. Der alte Mann lachte und fragte zurück: »Warum dürfen Juden keinen Cheeseburger essen?« »Ich weiß es. Juden dürfen sicher kein Junk Food essen. Mama will auch nicht, dass wir zu McDonalds gehen!« Jakob schnippte mit den Fingern. »Gute Idee, aber falsch!«, antwortete der alte Mann. Lilli schnitt eine Grimasse: »Du antwortest immer, bevor du denkst.« Nun war Jakob beleidigt, sagte aber nichts. Er blickte auf den Tisch und sah das Brot und das Fleisch. Das hieß, Juden durften beides zusammen essen. Käse aber fehlte. Er wartete noch einen Moment und schaute schmollend zu seiner Schwester. Dann sagte er laut: »Juden dürfen Käse und Fleisch nicht zusammen essen.« »Brillant«, der alte Mann klatschte in die Hände, »sie dürfen Milchprodukte und Fleisch nicht mischen. Also gibt es keine Lasagne, keinen Parmesankäse auf den Spaghetti Bolognese, nur vegetarische Pizza. Und sie essen auch kein Schweinefleisch, keine Meeresfrüchte. Die Speisegesetze sind sehr kompliziert. Man nennt sie Kaschrut, das kommt von dem Wort für ›rein‹.«

Lilli fragte: »Haben sich auch die Familien in New York und Berlin, bei denen wir zu Pessach gegessen haben, an die Kaschrut gehalten?« »Ja, sie haben koscher gegessen«, der alte Mann nickte traurig und schwieg lange. Lilli überlegte, ob sie

KASCHRUT

Geht man in Israel in einen Supermarkt, sieht man auf den meisten Lebensmitteln einen Aufkleber, auf dem das hebräische Wort כשר steht. Als kascher oder koscher bezeichnet man solche Lebensmittel, die dem jüdischen Gesetz nach als rein gelten. Die jüdischen Speisegesetze sind streng, sie geben klar vor, welche Tiere man essen darf und welche nicht, welche Lebensmittel miteinander verzehrt werden dürfen und welche nicht.

Als unrein gilt zum Beispiel Schweinefleisch, aber auch Meeresfrüchte, bestimmte Arten von Wildtieren und Fischen gehören dazu. Grundsätzlich gelten Säugetiere, deren Hufe gespalten sind und die wiederkäuen, als rein, also zum Beispiel Kühe, Ziegen oder Schafe. Als koscher gelten auch bestimmte Vogelarten: Gänse, Enten, Hühner, Truthähne und Tauben.

Der Verzehr von Blut ist grundsätzlich verboten. Blutwurst ist also tabu. Das Fleisch eines koscheren Tieres ist aber nicht automatisch auch koscher. Das Tier muss auf eine besondere Art und Weise geschlachtet worden sein. Diese Art des Schlachtens nennt man Schächten.

Aber auch das ist noch nicht alles! Koscheres Fleisch kann unkoscher werden, wenn man es zum Beispiel mit Milchprodukten mischt. Also sind weder Spaghetti Bolognese mit Parmesan-Käse noch Cheeseburger noch Salami-Käse-Baguette koscher! Viele fromme Juden haben aus diesem Grund zu Hause sogar zwei verschiedene Geschirrservice. Eines für fleischige Lebensmittel und eines für Milchiges.

Damit man sicher ist, dass die Produkte, die man im Laden kauft, auch wirklich koscher sind, werden die Lebensmittel, bevor sie im Regal landen, geprüft. Wenn die Sache für koscher befunden wird, klebt man einen כשר-Aufkleber auf die Keksschachtel, den Schoko-Riegel oder die Hähnchenschlegel.

etwas Falsches gesagt hatte, sie wollte den alten Mann auf keinen Fall verletzen. Der ahnte, was ihr durch den Kopf ging, und seufzte: »Die Juden haben über Jahrtausende nur koscher gegessen, sie haben die Schabbat-Gesetze gehalten, sie haben Pessach gefeiert, aber heute ignorieren immer mehr jüdische Familien die meisten göttlichen Gesetze.« Jakob dachte kurz nach und sagte dann: »Na ja, diese ganzen Gesetze sind aber auch ganz schön kompliziert.« Der Alte nickte nur kurz und sagte: »Die Gegenwart werde ich euch später erklären. Gerade sind wir in dem Band eines Geschichtsbuches, erinnert ihr euch?« »Ja, wie hieß der Verfasser noch? Graetz oder so?« »Heinrich Graetz, und das Buch heißt ›Die Geschichte der

Juden‹, nicht ihre Gegenwart«, sagte der alte Mann nachdenklich. Dann gingen die drei schlafen.

Warum ist das Tote Meer tot?

In den folgenden Tagen ritten Lilli und Jakob mit der Karawane durch das Jordantal. Der alte Mann zeigte ihnen die verschiedenen Pflanzen und Früchte, die es im Land Israel gab: Weintrauben, Datteln, Feigen, Oliven, Gerste, Granatäpfel. Die beiden Kinder gewöhnten sich daran, nur langsam voranzukommen. Es war nicht wie eine Fahrt mit dem Auto, bei der die Umgebung an einem vorbeirauscht. Hier konnten sie sich alles in Ruhe ansehen, spürten die Hitze und rochen die verschiedenen Gerüche, sie wurden selbst ein Teil der Landschaft. Sie bewegten sich etwa so schnell wie mit dem Fahrrad, nur mussten sie nicht selber treten, und ab und zu konnten sie sogar auf dem Kamelrücken ein wenig schlafen.

Am vierten Tag ihrer Reise erreichten sie das Tote Meer, den tiefsten Punkt der Erde. Vor ihnen lag ein riesiger See, der rechts und links von hohen Felsen eingerahmt war. Es war sehr heiß, die Sonne brannte vom Himmel. »Taucht nicht mit dem Kopf unter Wasser!«, rief der alte Mann, als die beiden zum Wasser rannten. »Das Wasser ist so salzig, dass man nicht untergeht, selbst wenn man nicht schwimmen kann. Das salzige Wasser brennt aber auch furchtbar in den Augen.« Lilli und Jakob konnten kaum glauben, dass das Wasser sie einfach so trug. Jakob hob beide Arme und Beine aus dem Wasser, und Lilli legte ihm sogar einen Stein auf den Bauch. Nichts half, Jakob ging nicht unter. Die

beiden lachten, dass ihnen die Bäuche wehtaten. Der alte Mann saß am Ufer und beobachtete sie. »Das Wasser hier ist besonders gesund, gut für die Haut«, sagte er, aber die beiden hörten nicht zu, sie waren zu sehr mit ihren Schwimmversuchen beschäftigt.

»Warum nennt man dieses Meer das Tote Meer?«, rief Lilli herüber. »Schau dich mal um, in diesem salzigen Wasser kann kein Fisch und kein anderes Lebewesen überleben. Nur Kinder, die im Wasser spielen. Aber auf Hebräisch heißt das Tote Meer Jam ha-Melach, Salzmeer.« Lilli und Jakob wuschen sich mit dem reinen Wasser einer Quelle, die ganz in der Nähe lag, die Salzkrusten von der Haut, stiegen wieder auf ihre Kamele, und die Karawane setzte sich erneut in Bewegung.

Nun ritten sie bergan in die Judäische Wüste. Jakob bemerkte, dass sie plötzlich nicht mehr die einzige Karawane waren. Auf der staubigen Straße zogen auch viele andere nach Jerusalem, mit Eseln und Kamelen, Ziegen und Schafen. Die Reisenden machten Musik, sie sangen und spielten Instrumente. Da fiel Jakob erst auf, dass er seit fast einer

Woche keine Musik mehr gehört hatte. »Es gibt keinen CD-Player, keinen MP3, keinen Fernseher«, murmelte Jakob vor sich hin. »Ich habe gerade genau das Gleiche gedacht. In einer Welt ohne Radio ist jede Musik ein Life-Konzert. Diese Leute scheinen aber guter Laune zu sein. Warum machen sie denn sogar auf dem Weg Musik?«, fragte Lilli den alten Mann. »In Jerusalem steht der Tempel der Juden. König Salomon hat ihn vor kurzem eingeweiht«, antwortete dieser. »Der Tempel muss ja riesig sein, wenn all diese Leute dort hineinpassen beim Beten«, staunte Jakob. »Da hast du was falsch verstanden, Jakob. Im Tempel wird nicht gebetet. Er ist sehr groß, das stimmt, aber im Tempel opfern jüdische Priester – übrigens nennt man den Priester Kohen – dem einen Gott Stiere, Schafe und Ziegen. Viele der Tiere in diesen Karawanen wer-

den in einigen Tagen in Jerusalem geopfert«, erklärte der alte Mann. »Das ist ja seltsam. Ich habe gedacht, dass der Gott der Juden unsichtbar ist. Wozu braucht er da Opfer?« »Das ist eine gute Frage, Jakob. Wir haben Abraham und Moses schon getroffen, vielleicht treffen wir auch König Salomon, den Erbauer des Tempels, er kann dir diese Frage beantworten«, erwiderte der alte Mann.

Die drei setzten ihren Weg fort. Sie stiegen auf einen hohen Berg, und mit einem Mal lag die Stadt vor ihnen. Die Sonne ging gerade unter, so dass ein seltsames gelb-rotes Licht auf Jerusalem fiel. Eine dicke Mauer umgab die Stadt, und an ihrem höchsten Punkt stand eine riesige Festung. »Ist dieses quadratische Gebäude aus Holz der Tempel? Sieh mal, da steigt Rauch auf.« »Ja, das ist der Tempel der Juden. Er ist aus Zedernholz gebaut. Die Zeder ist ein Baum, der im Libanon wächst. Der Rauch stammt von der Opferung der Tiere.« Der alte Mann zeigte mit dem Finger in Richtung der Stadt.

Die Pilger bauten schon ihre Zelte auf und machten Feuer. Lilli und Jakob betrachteten die Schafe und Ziegen um sie herum und wurden plötzlich traurig. Lilli kamen langsam Zweifel daran, dass dieser König Salomon so klug war, wie man sagte. Warum mussten die Tiere denn sterben? Aber sie sagte nichts. Mit gemischten Gefühlen legte sie sich zu Jakob und dem alten Mann und schlief ein.

Am nächsten morgen wurden Lilli und Jakob von den Gesängen der Pilger geweckt, die schon wieder ihre Esel bepackt hatten und es offenbar gar nicht abwarten konnten, nach Jerusalem zu kommen. Dies war der fünfte Tag, den Lilli und Jakob im Königreich Salomons verbrachten, und Berlin hatten sie schon beinahe vergessen. Auf dem Boden zu

DER TEMPEL

König Salomon ließ den ersten Tempel in Jerusalem errichten. Hier war die Bundeslade untergebracht und hier sollten Gott Opfer dargebracht werden. Einer der Nachfolger Salomos, König Joschia, bestimmte, dass der Tempel künftig der einzige Kultort sein sollte. Das bedeutete, dass alle anderen Heiligtümer, die die Menschen errichtet hatten, so etwas wie bei Christen vielleicht Kapellen, Kruzifixe und Heiligenfiguren am Wegrand, abgeschafft wurden. Der Jerusalemer Tempel wurde also immer wichtiger für die Juden.

Im Jahr 586 vor unserer Zeitrechnung nahm der babylonische König Nebukadnezar die Stadt ein und ließ den Tempel plündern und zerstören. Nebukadnezar verschleppte viele Priester und andere Mitglieder wichtiger Familien Judäas ins Exil nach Babylonien. Erst viele Jahre später durften sie in ihre Heimat zurückkehren. In Jerusalem angekommen, mussten sie feststellen, dass vom Tempel nicht viel übrig geblieben war. Aber die Heimkehrer beschlossen, den Tempel wieder aufzubauen.

Dieses neue Heiligtum nennt man den zweiten Tempel. Er hatte ungefähr dieselben Maße wie der erste Bau. Der Tempel selbst durfte nur von den Priestern, die im Hebräischen Kohanim heißen, betreten werden. Alle anderen, die Opfer darbringen wollten, mussten sich mit den Vorhöfen begnügen.

Aber auch dieser zweite Tempel wurde zerstört. Im Jahr 70 unserer Zeitrechnung wurde Jerusalem von den Römern erobert und der Tempel in Brand gesteckt. Seit dieser Zeit haben die Juden keinen Tempel mehr. An der Stelle, an der einst der erste und der zweite Tempel standen, befinden sich heute der Felsendom und die Al-Aksa-Moschee.

schlafen, ohne elektrisches Licht, Fernseher und Stereoanlage auszukommen schien ihnen fast normal. Sie frühstückten mit den anderen Reisenden und machten sich schließlich auf nach Jerusalem. Wunderschöne Gärten umgaben die Stadt. Als sie das Stadttor passiert hatten, konnten Lilli und Jakob gar nicht genug schauen. Überall gab es etwas zu entdecken. Die Gassen waren eng und verwinkelt. Aus kleinen Läden roch es nach den verschiedensten Gewürzen, Händler priesen ihre Waren an. Männer standen beieinander und unterhielten sich.

Obwohl die drei den Weg zum Tempel nicht kannten und es wie in Ur, der Stadt, aus der Abraham und Sara kamen, keine Straßenschilder gab, fanden sie den Tempel ohne Probleme. Sie folgten einfach der Menschenmenge, achteten aber nicht darauf, dass die anderen Leute kurz vor den Toren der Tempelfestung stehen blieben. Sie wunderten sich schon, warum sie plötzlich allein auf einem großen Platz standen, als vier Wächter mit Lanzen auf sie zustürzten und sie gefangen nahmen. Lilli wurde ganz bleich vor Schreck, und Jakob klammerte sich an sie. »Was soll das denn? Was wollen die von uns?« kreischte Lilli. »Schnell, klopf mit dem Stock auf den Boden, damit wir hier verschwinden können«, rief sie dem alten Mann zu. »Oh, ich glaube, ich werde wirklich alt. Ich habe ganz vergessen, dass in den Tempel ja nur die Priester und ihre Helfer hineindürfen. Ich bringe uns hier weg«, flüsterte er. »Moment, warte mal! Was passiert denn jetzt?« Jakob zupfte am Ärmel des Alten. »Bringen sie uns vor den König?« »Ja, das kann gut sein.« Der alte Mann nickte langsam. »Dann lass uns doch bleiben. Ich habe einige Fragen an Salomon. Wir können doch jederzeit wieder in das Meer der Buchstaben springen, wenn es zu gefährlich wird!« Jakob war ganz aufgeregt. »Ihr seid mutige Kinder«, murmelte der Alte.

Die drei wurden in den prächtigen Palast gebracht, und nach kurzer Zeit standen sie vor dem König. »Was um alles in der Welt können zwei Kinder und ein alter Mann so Furchtbares anstellen, dass ihr mich damit behelligen müsst?« Salomon saß auf einem prächtigen Thron und steckte sich eine Traube in den Mund. Aber noch ehe die vier Wächter antworten konnten, betrat ein dicklicher

KÖNIG SALOMON UND SEINE FRAUEN

Salomon war ein mächtiger König, er herrschte über ein großes Reich. König Salomon war aber nicht nur bekannt für seine Macht und seine Weisheit, sondern auch für seine vielen Frauen. Angeblich soll er 700 Haupt- und 300 Nebenfrauen gehabt haben. Und all diese Frauen lebten an seinem Hof in einem prunkvollen Harem. Wahrscheinlich kannte Salomon nicht einmal alle seine Frauen beim Namen. Manche hat er aus politischen Gründen geheiratet, denn Könige und Fürsten benachbarter Reiche schickten ihm ihre Töchter, um Frieden oder Bündnisse zu schließen. Andere heiratete er, weil diese Frauen ihm besonders gut gefielen.

Der große Harem sollte der Welt aber natürlich auch zeigen, was für ein mächtiger Herrscher Salomon war.

Der Legende nach soll Salomon auch eine Beziehung mit der berühmten Königin von Saba gehabt haben. Das Reich der Königin soll im heutigen Jemen oder in Äthiopien gelegen haben, da sind sich die Forscher nicht sicher. Jedenfalls berichtet die Bibel über eine Reise der Königin von Saba nach Jerusalem. Sie wollte Salomons Weisheit auf die Probe stellen. Außerdem soll sie ihm kostbare Geschenke überreicht haben.

In Äthiopien lebten über viele Jahrhunderte dunkelhäutige Juden. Manche glauben, dass sie die Nachfahren der Königin von Saba und König Salomons sind. In den achtziger Jahren des 20. Jahrhunderts wurden die meisten dieser äthiopischen Juden nach Israel gebracht, wo sie heute leben.

kleiner Mann, der ein Minister war, den Raum, verbeugte sich tief und sagte: »Eure Exzellenz, eure Frau, die Königin von Saba, möchte mit euch sprechen.« »Ich habe keine Zeit.« Der König machte eine ungeduldige Geste in Richtung des Ministers. Zu den Wächtern gewandt sagte er drohend: »Ich frage euch noch einmal: Was haben diese drei unglücklichen Gestalten verbrochen?« Einer der Soldaten antwortete etwas verschüchtert: »Sie haben den Tempel betreten.« König Salomon legte die Stirn in Falten und sah die drei finster an. Gerade wollte er die Stimme erheben, als der kleine Minister wiederum einfiel: »Auch eure zweite und eure dritte Frau wollen ganz dringend eine Audienz, eure Exzellenz.« Salomon stützte den Kopf in die Hände und murmelte: »Es ist leichter, ein Königreich zu regieren, als mit diesen vielen Frauen zu-

rechtzukommen«. Plötzlich machte sich Jakob von der Hand des alten Mannes los und trat hervor. Er fragte erstaunt: »Wie viele Frauen haben Sie denn? Papa sagt immer, eine Frau ist manchmal schon mehr als genug.« Der König musste schmunzeln: »Dein Papa ist offenbar klüger als ich.« Doch gleich darauf verfinsterte sich seine Miene wieder: »Warum seid ihr in den Tempel gegangen?« »Wir sind fremd hier und kennen die Gesetze nicht«, sagte Lilli. Sie hielt einige Sekunden inne und sagte dann: »Wir wissen aber, dass Abraham und Moses an einen unsichtbaren Gott glaubten, und wir verstehen nicht, warum man diesem Gott Tiere opfern muss.« Sofort merkte sie, dass sie etwas Gefährliches geäußert hatte, denn die vier Soldaten rückten nahe an sie heran und kreuzten ihre Lanzen, so dass sie sich kaum mehr bewegen konnten. »Schnell, schnell, zurück nach Berlin«, flüsterte Jakob. Doch König Salomon erhob sich langsam von seinem Thron und befahl den Soldaten, den Raum zu verlassen: »Diese Kinder haben mehr Vernunft in ihrem kleinen Finger als ihr vier zusammen im Kopf.« Jakob grinste übers ganze Gesicht. »Du bist ein kluges Mädchen«, sagte der König und sah Lilli an, »auch ich weiß, was Abraham und Moses dachten. Unseren Gott kann man nicht mit Tieropfern gnädig stimmen. Aber mein Volk braucht etwas Handfestes, etwas Konkretes. Deshalb habe ich den Tempel bauen lassen. Wir opfern dort dreimal am Tag, und dreimal im Jahr kommen Pilger aus dem ganzen Königreich nach Jerusalem, um den Tempel zu sehen.« »Stimmt, wir haben ganz viele Menschen auf dem Weg hierher getroffen«, unterbrach ihn Jakob. König Salomon stutzte kurz, doch dann fuhr er in freundlichem Ton fort. »Wir erinnern uns heute an den Tag, an dem Gott Moses am Berg Sinai die Tora gegeben hat. Das Fest heißt Schawuot«, erklärte der König und ging in dem prunkvollen Saal auf und ab.

»Wir haben Moses in Ägypten gesehen, als er und sein Volk gerade nach Israel aufbrachen.« Jakob klopfte mit der Hand auf seine Brust. »Also erinnert das Pessach-Fest an den Auszug aus Ägypten, und Schawuot erinnert daran, wie Moses die Tora empfangen hat«, sagte Lilli. »Wir waren bei einer Familie in New York zum Pes-

sach-Fest. Juden feiern das Fest überall auf der Welt«, warf Jakob ein. Der König runzelte die Stirn: »Was meinst du mit ›überall auf der Welt‹? Die Juden leben in meinem Königreich. Und wie konntet ihr Moses und Abraham treffen? Sie sind schon längst tot.« Die Verwirrung von König Salomon wurde immer größer, als er sah, wie der alte Mann die Kinder umarmte und dreimal mit dem Stock auf den Boden schlug. Und schon waren die drei verschwunden.

Der Alte, Lilli und Jakob landeten nach fast einer Woche im Königreich Salomons wieder in Berlin. »Das war ganz schön unhöflich von uns«, sagte Lilli, »wir hätten ihm von unserer Reise erzählen müssen.« »Stimmt«, Jakob nickte, »Salomon ist ein kluger Mann, er hätte es bestimmt verstanden.«

Als Lilli und Jakob das Museum verließen, wurde es dunkel. Als sie zu Hause eintrafen, deckte der Vater gerade den Tisch: »Na, die Isomatten habt ihr doch nicht gebraucht, was? Ihr seid ja schon wieder da. Das war aber eine kurze Israel-Reise.« Lilli und Jakob waren viel zu müde für lange Erklärungen. Außerdem hätten ihre Eltern wahrscheinlich ohnehin nicht verstanden, wie genau ihre Art zu reisen funktionierte. Sie warfen sich einen vielsagenden Blick zu, schlangen hungrig noch ein paar Scheiben Brot hinunter und gingen erschöpft und zufrieden ins Bett.

PILGERFESTE: PESSACH, SCHAWUOT, SUKKOT

Pilgerreisen gibt es in vielen Religionen. Muslime pilgern nach Mekka. Katholiken pilgern nach Rom, nach Lourdes in Frankreich, nach Santiago de Compostela in Spanien oder nach Altötting in Bayern. Jerusalem ist Muslimen, Christen und Juden heilig, deshalb ist die Stadt Ziel von Pilgern aller drei Religionen.

Beim Pilgern kommt es nicht nur darauf an, sein Ziel, in diesem Fall also Jerusalem, zu erreichen, der Weg dahin ist auch sehr wichtig. Meistens trifft man auf der Reise andere Pilger, betet gemeinsam, singt Lieder und hofft, gesund am Zielort anzukommen. Heutzutage nehmen Pilger zum Teil das Flugzeug oder den Zug, früher musste man den Weg zu Fuß zurücklegen.

Als der Jerusalemer Tempel noch stand, strömten zu drei Festen im Jahr jüdische Pilger in die Stadt: zu Pessach, zu Schawuot, dem Wochenfest, und zu Sukkot, dem Laubhüttenfest. Diese drei Feste sind fest verbunden mit der Erinnerung an den Auszug der Israeliten aus Ägypten. Zu Pessach gedenkt man des Aufbruchs. Zu Schawuot erinnert man sich daran, wie Moses am Berg Sinai die Gebote empfangen hat. Und zu Sukkot denkt man an die Wanderung der Israeliten durch die Wüste, als sie in Laubhütten und nicht in festen Häusern lebten.

Die frommen Wanderer brachen aus ihren Heimatorten auf, aus Akko, Nazareth oder Aschkelon etwa, und machten sich auf den Weg in die Hauptstadt. Zu diesen drei Festen war die Stadt oft richtig überfüllt. Es war schwer eine Herberge zu finden, genauso wie heute zu Ostern in Rom, wenn der Papst von seinem Balkon im Vatikan die Menschen segnet. Die jüdischen Pilger in Jerusalem hatten nur ein Ziel: den Tempel. Sie brachten Lebensmittel und lebendige Tiere mit, um sie Gott zu opfern.

VIERTES BUCH

Flavius Josephus »Der Jüdische Krieg«

Was macht ein jüdischer Priester in Berlin?

Am Montagmorgen fiel es Jakob und Lilli sehr schwer aufzustehen. Jakob zog sich die Decke über den Kopf: »Ich will nicht in die Schule.« »Jaaakob. Lilliiii!« Die Mutter rief schon das dritte Mal, und nun verlor sie langsam wirklich die Geduld. Sie riss die Vorhänge auf und schimpfte: »Wenn euch diese Museumsbesuche derart aus dem Tritt bringen, müssen wir wirklich noch mal darüber nachdenken, ob ihr da weiterhin hingehen dürft.« Jakob blinzelte verschlafen und quälte sich langsam aus dem Bett. Auch Lilli schlüpfte in ihre Pantoffeln. Später in der Schule konnte sich Lilli nur schwer auf den Unterricht konzentrieren. Immer wieder gingen ihre Gedanken zurück zu der abenteuerlichen Reise, die sie mit dem alten Mann unternommen hatten. In der Pause spielte sie mit ein paar Freunden auf dem

Schulhof Fußball. Sabine aus der Parallelklasse teilte die Kinder in zwei Gruppen ein und rief: »Weil Juri Kohen beim roten Team spielt, bekommen die anderen einen Spieler mehr.« Lilli horchte auf: Kohen, das war doch der Name der Priester im Tempel von Jerusalem! Wie kam es, dass dieser Junge Kohen mit Nachnamen hieß? Er war doch bestimmt kein Priester, außerdem lebte er hier in Berlin. Das ganze Spiel über dachte sie nach, traute sich aber nicht, Juri anzusprechen. Am Schluss der Pause hatte Lillis Mannschaft gewonnen, die Freunde standen beieinander und jubelten. Lilli beobachtete Juri neugierig, bis dieser sich ihr plötzlich zuwandte und sie anraunzte: »Was glotzt du denn so?« Lilli bemerkte, dass er einen merkwürdigen Akzent hatte. Sie war so verdattert, dass sie weiter stumm dastand. Juri wurde ärgerlich. Was wollte dieses Mädchen von ihm? »Lilli, Lilli, habt ihr auch früher Schule aus?« Jakob rannte quer über den Hof auf seine Schwester zu. Normalerweise war es Lilli unangenehm, wenn ihr kleiner Bruder sie vor ihren Freunden auf dem Pausenhof ansprach, aber jetzt war sie ihm ganz dankbar, dass er sie aus dieser peinlichen Situation rettete. Jakob grinste übers ganze Gesicht. »Lilli, wer ist das denn? Dein neuer Freund?« Er deutete in Juris Richtung. Lilli wurde rot und schwieg. Juri musterte Jakob kritisch: »Ich bin Juri Kohen und, nein, ich bin nicht ihr neuer Freund. Ich verstehe auch nicht, warum sie mich so anglotzt.« »Ach quatsch, Kohen? Das ist doch der Name der jüdischen Priester im Tempel von Jerusalem. Wie kannst du so heißen? Du siehst nicht gerade wie ein Priester aus!« Jakob stand mit verschränkten Armen dicht vor Juri. »Du Zwerg«, Juri sah an Jakob herunter und wurde jetzt wirklich sauer, »du sagst mir nicht, wie ich heiße. Juden leben überall auf der Welt. Und die Nachkommen der Kohanim tragen bis heute diesen Namen, wenn du es genau wissen willst.« Endlich fand Lilli ihre Sprache wieder und sagte leise: »Das war nicht böse gemeint. Wir waren neulich im Jüdischen Museum, und dort hat man uns erklärt, dass Kohen der Name der Priester im Tempel von Jerusalem war. Bist du wirklich Jude?« Langsam legte sich Juris Zorn. Eigentlich fand er Lilli ganz nett. Ihr kleiner Bruder war vielleicht etwas vorlaut. »Ja, meine Familie kommt, wie viele Juden in Berlin, aus Russland. Wir sind vor drei Jahren aus Moskau hierher gezogen. Ich bin neu an dieser Schule. Ich gehe in die 7b.«

In den folgenden Tagen trafen sich Lilli und Juri häufig in den Pausen. Juri erzählte Lilli von seiner Familie, von Moskau und davon, wie schwer es für seine Eltern sei, Deutsch zu lernen. Auch Lilli erzählte von ihren Eltern und von ihren Freunden. Von den Abenteuern im Museum berichtete sie Juri nicht. Irgendwie kam es ihr plötzlich albern vor. Freitagmittag standen die beiden nach Schulschluss auf der Schultreppe. Endlich begann das Wochenende. »Jakob und ich gehen am Sonntag ins Jüdische Museum. Magst du vielleicht mitkommen?«, fragte Lilli. Juri zog die Augenbrauen hoch und überlegte einen Moment lang: »Ach, ich weiß nicht, Museen sind doch langweilig.« »Komm doch einfach mit und lass dich überraschen.« »Na gut. Weil du's bist.«

Wie an den vergangenen Sonntagen packten Lilli und Jakob ihren roten Rucksack und verabschiedeten sich von ihren Eltern. Mit ernster Miene sagte ihre Mutter: »Bleibt nicht zu lange. Nach diesen Museumsbesuchen seid ihr beide immer so aufgekratzt. Ich möchte morgen nicht wieder zwei völlig verschlafene Kinder aus den Betten treiben müssen.« Jakob verzog das Gesicht und rief: »Nein, nein, morgen stehen wir gaaanz bestimmt brav auf. Keine Sorge.« Und schon verschwanden die beiden Richtung Museum.

»Kuck mal. Da steht ja Juri. Was macht der denn hier?« Jakob stopfte seine Hände tief in die Anoraktaschen und machte ein mürrisches Gesicht. »Ich habe ihn eingeladen«, sagte Lilli und wurde wieder ein bisschen rot. Jakob machte Kussgeräusche: »Er ist doch dein Freund, häh?« Doch jetzt war Juri in Hörweite, und Lilli verpasste ihrem kleinen Bruder einen heftigen Stoß in die Seite: »Pssst!« Jakob war sauer auf Lilli. Sie hatte ihn nicht mal gefragt, ob er einverstanden war, dass Juri ins Museum mitkam. Außerdem war er nicht sicher, ob der alte Mann noch einen Jungen mitnehmen konnte oder wollte. Was, wenn seine Zauberkräfte nicht ausreichten? Aber Jakob sagte nichts. Schweigend ging er neben seiner Schwester und Juri her. Sie mussten eine ganze Weile suchen, bis sie den alten Mann gefunden hatten. Jakob hatte schon befürchtet, dass der Alte sich vielleicht nicht zeigen würde, weil sie Juri dabeihatten. Doch wie immer war der Alte auf einmal da. Lilli stellte ihm Juri vor. »So, Kohen heißt du?«, murmelte er und strich sich über den Bart. »Deine Familie stammt also von Priestern ab? Wusstest du das?« »Ja, das wusste ich. Und ich habe auch versucht, es dem Zwerg hier zu erklären.« Juri grinste Jakob leicht von oben herab an. Jakobs Stimmung wurde von Minute zu Minute schlechter. Was wollte dieser Besserwisser eigentlich hier? Zu seiner Genugtuung kam der Alte ihm aber zu Hilfe: »Jakob ist vielleicht nicht der Größte. Aber er ist ein kluger Junge«. Jetzt grinste Jakob breit.

»Kommt mit!«, rief der alte Mann und führte die drei Kinder in die Bibliothek des Museums. »Ihr wollt bestimmt wissen, wie die Familie von Juri nach Berlin gekommen ist.« In der Bibliothek holte der Alte zwei dicke Bücher aus einem Regal und legte sie auf einen massiven Holztisch. Jakob drängte sich an Lilli vorbei und las laut den Titel vor: »Jüdische Altertümer und Der Jüdische Krieg von Fla ... äh ... – vi – us Jo – se – phus«. Der alte Mann schlug das Buch auf, blätterte eine Weile darin. Beim achten Kapitel hielt er inne: »Die Belagerung Masadas«. Ohne ein Wort zu sagen, umarmte der Alte die drei Kinder und war gerade dabei, mit seinem Stock auf den Boden zu schlagen, als Juri sich aus der Umarmung herauswand und einen Schritt zurücktrat. Plötzlich wurde Lilli klar, dass Juri ja gar nicht wissen konnte, was jetzt passieren würde. Er kannte das Reisen mit Büchern noch nicht. Lilli legte ihm die Hand auf die Schulter: »Mach einfach die Augen zu. Ich verspreche dir, es wird ein echtes Abenteuer!« Juri runzelte immer noch die Stirn. Er war drauf und dran, umzukehren und die Bibliothek zu verlassen. Vielleicht war der alte Mann mit seinem weißen Bart ja ein Verrückter? Andererseits vertraute er Lilli, und die Selbstverständlichkeit, mit der Jakob und sie dem Alten begegneten, überzeugte ihn schließlich, die Augen zu schließen. Die vier sprangen in das Buch mit dem seltsamen Titel »Jüdische Altertümer« und segelten über die verschiedenen Kapitel. Wie von einem Flugzeug aus konnten sie in der Tiefe erkennen, wie der prachtvolle Tempel Salomons, den sie in der Woche zuvor besucht hatten, von den Babyloniern und ihrem

NEBUKADNEZAR UND DAS BABYLONISCHE EXIL

Nebukadnezar, geboren 630 vor unserer Zeitrechnung, war König von Babylonien und damit Herrscher eines riesigen Reiches. Babylonien war so etwas wie eine Supermacht. Es konkurrierte und kämpfte mit Ägypten und Assyrien. Zwischen diesen drei mächtigen Königreichen lag das kleine Judäa, das von König Jojakin regiert wurde. Im Jahr 586 fielen Nebukadnezars Truppen in Judäa ein, plünderten Jojakins Palast, zerstörten den Tempel, nahmen die königliche Familie und viele andere Juden gefangen und brachten sie nach Babylon. Die Jahre, die die Juden dort fern ihrer Heimat verbringen mussten, nennt man Babylonisches Exil. Judäa und Samaria – das Land der Juden – wurden zu babylonischen Provinzen.

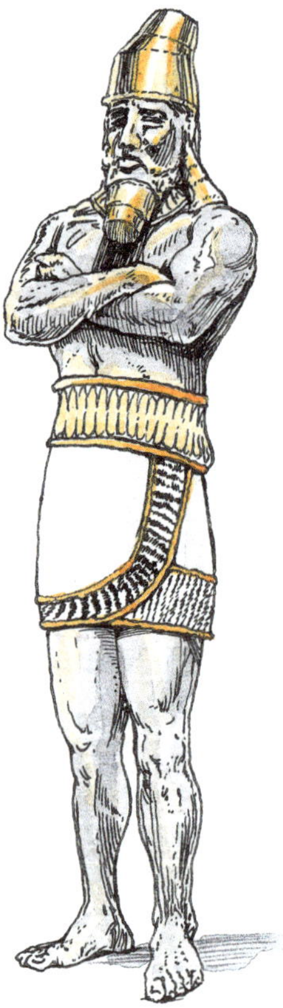

König Nebukadnezar zerstört wurde und wie die Juden ins Exil nach Babylon verschleppt wurden.

Dann wirbelten sie plötzlich durch einige Seiten des Buches in ein anderes Kapitel. Juri blickte fasziniert nach unten, deutete mit dem Finger auf Jerusalem und rief: »Schaut mal, die Juden kommen aus Babylonien nach Israel zurück und bauen Jerusalem und den Tempel wieder auf.« Plötzlich befanden sie sich in dem zweiten Buch, das den Titel »Der Jüdische Krieg« trug. Irgendwie kam es Lilli so vor, als seien die Seiten dieses Buches viel dunkler und düsterer. Sie hörte Pferde wiehern und sah, wie Soldaten durch die engen Straßen von Jerusalem marschierten. »Die Soldaten sehen anders aus als die, die wir letzte Woche bei Salomon gesehen haben«, flüsterte Jakob. »Ich kenne diese Uniformen aus meinem Geschichtsbuch. Das sind römische Soldaten, glaube ich. Wie kommen die denn hierher?«, wunderte sich Lilli. »Du hast Recht, das sind römische Soldaten. Die Römer waren eine große Weltmacht und haben neben vielen anderen

DANIEL UND EZECHIEL

Unter den Verschleppten waren zwei Männer, die Daniel und Ezechiel hießen. Sie kamen aus vornehmen jüdischen Familien und galten als Propheten. Sie sahen im Babylonischen Exil die Strafe Gottes für die Sünden des jüdischen Volkes. Aber sie sahen auch Gottes Vergebung voraus. Ihre Deutungen und Voraussagen schrieben die beiden auf. Die Bücher Daniels und Ezechiels sind Teil der Bibel. Daniel und Ezechiel riefen die Juden dazu auf, auch im Exil Gott und seinen Geboten treu zu bleiben. Immer wieder wurden die beiden Propheten deshalb verfolgt. Ein babylonischer Beamter zeigte Daniel zum Beispiel bei König Darius, einem Nachfolger Nebukadnezars, an, weil Daniel sich weigerte Darius als Gott anzuerkennen. Im biblischen Buch Daniel wird berichtet, wie der Prophet über Nacht in eine Löwengrube gesperrt wird. Als am nächsten Morgen das Tor geöffnet wird, ist Daniel unverletzt. Daraufhin erkennt Darius, dass Daniel Recht hat.

Ländern auch das jüdische Land erobert. Und die anderen Kämpfer, die ihr dort unten seht, sind jüdische Aufständische, die den Tempel verteidigen«, sagte der Alte. »Das ist ja schrecklich«, jammerte Jakob, »der Tempel brennt ...«, aber noch bevor er den Satz beenden konnte, wurden sie weitergewirbelt und flogen über einen Berg hinweg, der mit hohen Mauern befestigt war. »Das ist ganz schön unheimlich«, flüsterte Juri. »Feigling«, zischte Jakob verächtlich und nutzte die Gelegenheit, sich dafür zu rächen, dass Juri ihn Zwerg genannt hatte.

Die Landschaft war Jakob und Lilli schon vertraut. Lilli rief ganz aufgeregt: »Da unten, seht mal, da ist das Tote Meer. Wusstest du, dass man

TITUS

In den Asterix-Comics geht es um ein kleines gallisches Dorf, das den Römern, die Gallien besetzt hielten, das Leben schwer machte. Die Supermacht Rom hatte ihre Legionen aber nicht nur in Gallien, dem heutigen Frankreich, sondern in der heutigen Türkei, in Syrien, Palästina, Ägypten und Nordafrika. Und auch hier gab es eine Gegend, die den Römern immer wieder Ärger verursachte, die sich einfach nicht geschlagen geben wollte: Judäa. Dabei hatten die Römer dort einen König eingesetzt, Herodes Agrippa, der bereit war, mit ihnen zusammenzuarbeiten. Und die Römer hatten auch jede Menge Soldaten in Judäa stationiert. Der römische Kaiser Vespasian hatte sogar seinen eigenen Sohn, Titus, in die Gegend geschickt, um für Ordnung zu sorgen. Und trotzdem gab es immer wieder Unruhen und Aufstände in Jerusalem und im ganzen jüdischen Land. Da begannen die Römer im Jahr 69 unserer Zeitrechung mit der Belagerung Jerusalems unter dem Oberkommando des Kaisersohnes Titus. Jüdische Aufständische aber verteidigten die Stadt hartnäckig. Besonders umkämpft war der Tempelberg. Im Sommer des Jahres 70 eroberten die Römer die gesamte Stadt und plünderten den Tempel. Bei den heftigen Kämpfen breitete sich Feuer im Tempel aus und er brannte schließlich völlig nieder. Dieser Tag ist einer der schwärzesten in der Geschichte der Juden. Bis heute erinnern sich Juden in aller Welt am 9. Aw – der Aw ist ein Monat im jüdischen Kalender –, dem Tag, an dem der Tempel zerstört wurde, an dieses Ereignis. Sie fasten, trauern und beten.

Für Titus dagegen war der jüdische Krieg ein großer Erfolg. Er kehrte siegreich nach Rom zurück, zog mit seinen Truppen durch die Straßen der Stadt und ließ sich feiern. Mit im Gepäck hatte er wertvolle Gegenstände, die seine Soldaten im Jerusalemer Tempel geplündert hatten.

FLAVIUS JOSEPHUS

Über den Aufstand in Judäa wissen wir heute unter anderem deshalb so gut Bescheid, weil der Gelehrte Flavius Josephus in seinem Buch »Der Jüdische Krieg« ausführlich darüber berichtet hat.

Josephus hieß mit jüdischem Namen Joseph Sohn des Matitjahu. Er stammte aus einer vornehmen Familie von Priestern und war Befehlshaber jüdischer Truppen in Galiläa. Die Römer nahmen die Festung Jotapata, die Josephus und seine Männer verteidigt hatten, ein, und Josephus ergab sich den Feinden. Er fand, dass es aussichtslos war, weiter gegen die übermächtigen Römer zu kämpfen, und wollte die jüdischen Aufständischen davon überzeugen, dass man mit den Besatzern verhandeln musste. Nachdem der Tempel in Jerusalem zerstört worden war und viele Juden aus Jerusalem flohen, ging Josephus nach Rom.

Josephus schrieb verschiedene Bücher, unter anderem eines mit dem Titel »Die Jüdischen Altertümer«, in dem er die Geschichte der Juden erzählt, aber auch »Der Jüdische Krieg«, in dem er von seinen Erlebnissen während der Aufstände in Judäa berichtet. Er starb im Jahr 100 unserer Zeitrechung. Josephus ist einer der wichtigsten jüdischen Historiker.

da nicht untergehen kann?« Sie wandte sich an Juri, der immer noch etwas verwirrt dreinblickte. Er wollte sich seine Verunsicherung aber nicht anmerken lassen und brummte: »Ja, klar.« »Da unten, schon wieder römische Soldaten. Da staubt es ja ganz gewaltig. Einige stehen auf der Mauer«, Jakob schaute fasziniert auf die Gruppe von Soldaten, »was machen die denn da? Und wo sind wir?« Sie blickten auf einen Felsen, der aussah wie ein Tisch, so flach war er oben. Seine Wände fielen nach fast allen Seiten steil ab. Rundherum sahen sie nichts als Wüste und die riesige Wasserfläche des Toten Meeres, die in der Hitze flimmerte. Der Felsen war zu einer Festung ausgebaut. »Das ist Masada«, sagte der alte Mann. Plötzlich standen sie zwischen Häusern. Überall liefen Bewaffnete umher. Auf einmal näherte sich ein Trupp und umstellte Jakob, Lilli,

Juri und den alten Mann. »Nicht schon wieder!« Jakob stöhnte: »Werden wir schon wieder verhaftet?« »Wieso schon wieder? Seid ihr schon mal verhaftet worden? Das hier gefällt mir gar nicht.« Juri fühlte sich sichtlich unwohl. »Feigling!« – »Zwerg!« »Hört jetzt auf damit!«, rief Lilli. Die Männer ignorierten die Zankerei der Kinder und führten die vier auf die andere Seite der Festung. Lilli sah sich um: Ställe und einfache steinerne Häuser gab es hier, aber auch prächtige Paläste. Überall standen riesige Tonkrüge mit Getreide und Öl. Es war sehr heiß, und Lilli bemerkte nun, dass sie sehr durstig war. Sie öffnete ihren Rucksack, holte eine Limoflasche heraus und reichte sie herum. Auf einmal ließen ihre Bewacher sie stehen und rannten in Richtung Mauer. Pfeile flogen über ihre Köpfe und ein Pfeil traf einen der Männer am Arm. Plötzlich herrschte ein unsagbarer Lärm: Pfeile pfiffen, Steine flogen,

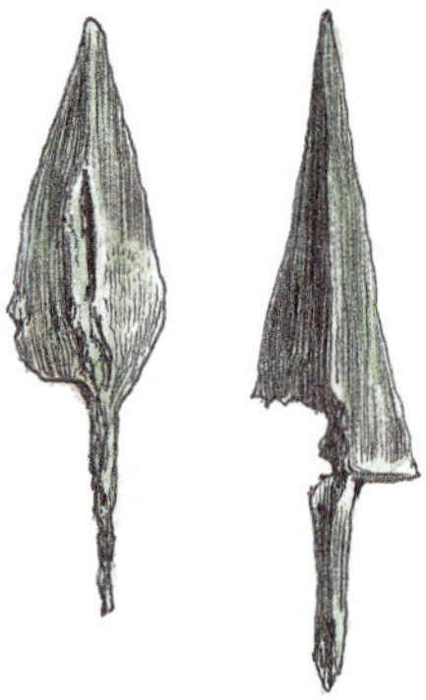

Soldaten schrien Befehle. Jenseits der Mauer war eine riesige Steinschleuder aus Holz zu sehen. Immer wieder katapultierte diese große runde Steine in die Festung. Der alte Mann zog die drei Kinder hinter sich her in ein kleines Häuschen, das offenbar ein Stall war. Die Ziegen machten meckernd Platz für die Eindringlinge. »Das ist ja schrecklich. Wir sind mitten in einem Krieg. Ich will das nicht sehen«, rief Jakob. Der alte Mann wollte gerade mit seinem Stock auf den Boden schlagen und sie nach Berlin zurückbringen, doch plötzlich war es totenstill. »Noch nicht!«, flüsterte Lilli und streckte ihren Kopf vorsichtig durch den Türrahmen. Sie sah Rauch und Flammen. Offenbar befanden sich die Römer auf dem Rückzug, denn die Belagerten jubelten nun ausgelassen und schrien ihnen Beleidigungen hinterher. Da ragte etwas über die Mauer, aber Lilli konnte nicht richtig erkennen, was es war.

Ohne lang nachzudenken, lief sie plötzlich los, um besser sehen zu können. »Lilli! Komm sofort zurück! Das ist doch gefährlich!« Jakob war außer sich. Der alte Mann versuchte, sie einzuholen, aber er war viel zu langsam. Lilli hatte in der Zwischenzeit die Mauer erreicht und sah nach unten. Sie konnte

sehen, dass die Römer an der Seite des Bergs eine riesige Rampe aus Steinen und Schutt errichtet hatten, die bis an den Fuß der Mauer reichte, und auf diese Rampe hatten sie einen Holzturm gebaut, der auf hohen Rädern stand, so dass man ihn hin- und herschieben konnte. Auf dem Turm erkannte Lilli

römische Soldaten mit Helmen und schwerer Rüstung. Ein paar von ihnen waren verletzt. Am Fuß des Turmes standen weitere Soldaten, die die Räder in Bewegung setzten. Bevor der alte Mann Lilli erreichen konnte, wurde sie von einem der Krieger gepackt. »Das hier ist kein Spielplatz. Was in aller Welt machst du hier?« Der Mann schleppte Lilli hinter sich her und brachte sie zu dem alten Mann, Jakob

und Juri, die ihnen entgegengelaufen kamen. »Bist du wahnsinnig, Mädchen?« Der Alte umarmte Lilli so fest, dass sie fast keine Luft mehr bekam. »Ich habe jetzt verstanden, wie die Sache funktioniert«, sagte Lilli triumphierend, »die Römer benutzen diesen hohen Holzturm, um Steine, Pfeile und Feuer ins Innere der Festung zu schießen. Sie haben auch einen Rammbock. Mit dem stoßen sie immer wieder gegen die Mauer. Ganz schön schlau, was?« »Das ist doch nicht so wichtig, dass du dein Leben riskierst. Wir fliegen sofort zurück.« Der Alte war vor Aufregung ganz rot im Gesicht. »Nein, bitte! Es ist doch jetzt ruhig. Und schaut mal, alle Burgbewohner haben sich da drüben versammelt«, bettelte Juri. Jakob fuchtelte aufgeregt in der Luft umher: »Da spricht einer zu den Leuten. Lasst uns hingehen und zuhören.« »In Ordnung«, gab der Alte schließlich nach, »aber haltet euch um Himmels willen von den Mauern fern, sonst werdet ihr noch getroffen. Die Römer sind ganz in der Nähe.« Er wandte sich Lilli zu: »Mach das nicht noch einmal, hörst du? Sonst sind unsere Ausflüge beendet!« Dann drehte er sich zum Gehen: »Kommt, wir gehen rüber und hören, was Eleaser Ben Jair, der Kommandant von Masada, zu sagen hat.«

Sie näherten sich langsam der Menschenmenge. Männer und Frauen standen beieinander. Kinder saßen auf den Felsblöcken. Alle lauschten gebannt. »Woher kommen alle diese Leute? Die Festung ist

doch gar nicht so groß. Und wovon leben sie hier in dieser Wüste?«, fragte Jakob. »Das sind Flüchtlinge aus Jerusalem und der Umgebung. Ihr habt ja vorhin, als wir durch die Kapitel des Buches geflogen sind, gesehen, dass Jerusalem von den Römern zerstört worden ist. Einige Juden haben sich hier in der Wüste versammelt und die römischen Truppen, die hier auf dem Berg waren, vertrieben. Seitdem leben diese Juden hier auf Masada und führen weiter ihren Kampf gegen die Römer. Vor einigen Monaten hat der römische Gouverneur Silva begonnen, die Festung zu belagern.« »Einige Monate«,

sagte Juri verblüfft, »haben sie überhaupt noch was zu essen? Warum ergeben sie sich nicht? Wofür kämpfen sie denn noch?« »Pst!«, flüsterte Lilli, »Ich will zuhören.« Eleasar Ben Jair erklärte mit tiefer Stimme, dass die Römer nicht aufgeben und Masada schließlich so verwüsten würden, wie sie Jerusalem und das ganze Land verwüstet hätten. Die Juden hier auf Masada bildeten den letzten Stützpunkt gegen die Römer. Gott habe die Juden verlassen, weil sie gesündigt hätten – seine Stimme wurde immer lauter und eindringlicher –, und sein Strafgericht werde über sie alle kommen. Lieber wollten sie sterben, als den Römern in die Hände zu fallen! Juri nickte eifrig. Er war schon ein bisschen stolz, dass diese Juden sich den militärisch überlegenen Römern so tapfer widersetzten. Seine Miene verfinsterte sich allerdings, als er hörte, wie Eleasar vorschlug, dass die Verteidiger von Masada sich und ihre Familien töten sollten. Lilli fasste den alten Mann erschrocken bei der Hand: »Das machen sie aber doch nicht wirklich? Sie bringen sich nicht wirklich um, oder?« Der Alte wandte den Kopf. Er konnte ihr nicht in die Augen sehen. Schnell umarmte er die drei Kinder und schlug dreimal auf den Boden. Einen Augenblick später standen die vier wieder in der Museumsbibliothek. Ganz bedrückt und still gingen sie in die Cafeteria. Nach langem Schweigen sagte der Alte: »Kinder – und auch Erwachsene – sollten so grausame Sachen nicht mit ansehen müssen.« »Haben sie sich tatsächlich umgebracht?«, fragte Lilli ganz leise. Der alte Mann nickte nur und sagte: »Ja, Eleasar und seine Anhänger haben sich das Leben genommen. Aber nach dem Aufstand verließen die Juden, die noch im Heiligen Land lebten, ihre Heimat und ließen sich in anderen Ländern nieder. Sie lebten von nun an überall verstreut.« »So kam meine Familie also nach Moskau und schließlich nach Berlin?« Juri kratzte sich am Kopf. »Naja«, sagte der Alte, »inzwischen ist natürlich viel Zeit vergangen. Aber im Prinzip hast du Recht.« Gedankenverloren rührte er in seinem Kaffee: »Es war nicht klug von mir, ein so grausames Buch auszuwählen. In Zukunft suchen wir uns fröhlichere Bücher aus, versprochen.« »Nein!« Lilli schüttelte den Kopf: »Wir haben Abraham und Sara, Moses und König Salomon durch unsere Bücherreise kennengelernt. Unsere Reise letzte Woche in Israel war sehr schön. Grausame Episoden gehören auch zur Geschichte der Juden. Aber vielleicht können wir in Zukunft Kapitel auswählen, in denen wir keine Verletzten und Toten sehen müssen.« Der Alte nickte und sah dabei irgendwie traurig aus. Juri aber war ganz aufgeregt: »Seid ihr wirklich Abraham und Sara begegnet? Können wir uns nächste Woche wieder treffen?«

FÜNFTES BUCH

Siddur – Gebetbuch

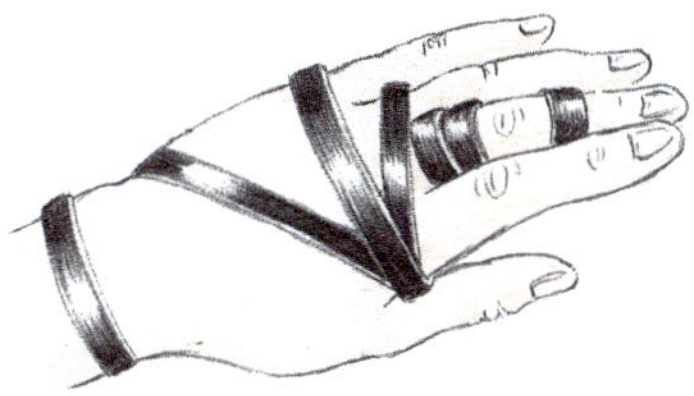

Warum regnet es in der Synagoge Bonbons?

In der kommenden Woche verbrachten Juri und Lilli in den Schulpausen viel Zeit miteinander. Lilli berichtete Juri ausführlich von ihren Reisen nach Ur, nach Ägypten, New York und Israel. Juri war ganz fasziniert. Moses und Abraham von Angesicht zu Angesicht zu sehen, das war schon spektakulär. Und da er selber schon eine Reise mitgemacht und erlebt hatte, wie man mit Büchern reisen konnte, glaubte er ihren Geschichten. Immer wieder machten Klassenkameraden alberne Witze darüber, dass sie so oft beieinander standen. Aber Juri und Lilli war das egal. Auch Jakob freundete sich langsam mit Juri an. Schließlich hatte dieser ihn seit ihrer Reise nicht mehr Zwerg genannt.

Als sie am Freitag an der Bushaltestelle standen, überlegten die drei, wohin ihre nächste Reise gehen würde: »In welcher Zeit landen wir wohl diesen Sonntag?« Juri konnte das Wochenende kaum abwarten. »Keine Ahnung, lass dich einfach überraschen! Der alte Mann wählt die Bücher aus, durch die wir reisen.«

Am Sonntag trafen sich Juri, Lilli und Jakob im Museum. Schon von weitem sahen sie den alten Mann in seiner Uniform auf einem Hocker sitzen. Offenbar war er eingenickt, seine Augen waren geschlossen. Lilli wollte ihn wecken und merkte dabei, dass er ihnen immer noch nicht seinen Namen verraten hatte. Ganz vorsichtig fasste sie ihn bei den Schultern. Der Alte schreckte hoch. Aber als er die drei Kinder sah, lächelte er verlegen und räusperte sich: »Gut, dass ihr da seid. Die Arbeit hier ist recht eintönig. Kein Wunder, dass ein alter Mann wie ich da einschläft.« Langsam erhob er sich und streckte sich ausgiebig. »Kommt mit!« Die drei folgten ihm.

Lilli zeigte Juri die Glaskästen mit der Tora-Rolle, der Pessach-Haggada und der »Geschichte der Juden« von Heinrich Graetz. »Durch die Bücher sind wir schon gereist«, sagte sie. Auf einmal standen die vier vor einem großen Ausstellungskasten, in dem fünf ledergebundene Bücher lagen. Der alte Mann rieb sich die Augen und gähnte herzhaft: »Habt ihr eine Idee, was das für Bücher sind?« »Das sind Siddurim«, Juri strahlte übers ganze Gesicht. Lilli und Jakob schauten sich fragend an. »Als ich vor einigen Monaten dreizehn Jahre alt geworden bin, hatte ich meine Bar Mizwa. Da musste ich lernen, wie man in der Synagoge betet. Diese Bücher hier sind Gebetbücher. Die habt ihr wahrscheinlich auch in der Kirche, oder?« Lilli und Jakob waren immer noch ratlos. Jakob wandte sich an den Alten: »Bar Mizwa, was ist das denn nun schon wieder?« »Warum fragst du mich? Mein dreizehnter Geburtstag ist schon eine ganze Weile her. Frag doch Juri!« Der verdrehte die Augen und stöhnte leise. Schon lag ihm das Wort Zwerg wieder auf der Zunge, aber Lilli zuliebe vermied er Streit und erklärte: »Bar Mizwa ist so ähnlich wie die Kommunion bei den Katholiken und die Konfirmation bei den Protestanten. Mit dreizehn Jahren gelten jüdische Buben als Männer.« Juris Stolz war nicht zu übersehen. Jakob rümpfte die Nase und wollte sich gerade lustig machen, aber Juri erzählte schon weiter: »Wir dürfen in der Synagoge aus der Tora vorlesen, und wir selbst – nicht mehr unsere Eltern – sind für unsere Taten verantwortlich.« Lilli zog die Augenbrauen hoch: »Und wie ist das mit den Mädchen? Was machen die?« Der alte Mann amüsierte sich über Lillis Eifer: »Mädchen erreichen diese Stufe schon mit zwölf Jahren«. »Klar, weil Mädchen früher erwachsen werden und einfach schlauer sind!« Lilli war begeistert. Jakob und Juri pfiffen nur verächtlich und warfen sich vielsagende Blicke zu. »Juri, erzähl doch einfach mal von deiner Bar Mizwa«, sagte der Alte. Der Junge überlegte kurz und berichtete dann von dem großen Fest, das seine Eltern für ihn ausgerichtet hatten. Er erzählte, wie er ganz aufgeregt neben seinem Vater in der Synagoge gesessen hatte, wie er das erste Mal die Gebetsriemen und den Gebetsschal anlegen durfte und schließlich vor all den Verwandten und Mitgliedern der Gemeinde auf Hebräisch einen kurzen Abschnitt aus der Tora vorlesen musste. Jakob war vor allem an den vielen Geschenken interessiert, die Juri an diesem Tag bekommen hatte. Juri wollte erklären, was Gebetsriemen waren, aber Lilli

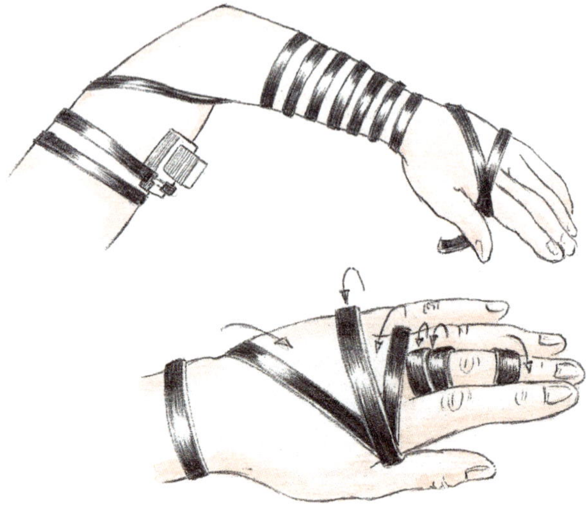

fiel ihm ins Wort: »Wir wissen, was das ist.« »Jaaa! Wir haben sogar schon welche gesehen und angefasst«, ergänzte Jakob mit vor Stolz geschwellter Brust. »Ich kann mir vorstellen, dass du ganz schön aufgeregt warst«, sagte Lilli. Juri schnitt eine Grimasse: »Ja, schon. Und das Schlimmste ist, wenn man sich beim Lesen der Tora verspricht. Die Leute in der Synagoge verbessern einen dann laut und werfen Süßigkeiten.« »Man wirft mit Süßigkeiten?« Jakob staunte. »Ja, mit Bonbons und Schokolade. Das ist echt peinlich. Man bereitet sich monatelang auf diesen Tag vor. Aber so ein langes Stück in fehlerfreiem Hebräisch vorzulesen ist ganz schön schwierig.« Jakob sah Juri voller Bewunderung an: »Ich verhaspele mich ja manchmal schon, wenn ich etwas auf Deutsch vorlese. Mann, da möchte ich nicht tauschen.« Juri dachte eine Weile nach und sagte schließlich: »Naja, mit der Zeit wird das Tora-Lesen hoffentlich etwas leichter. Man bekommt ja auch Übung darin. Und dann verliest man sich nicht mehr so oft. Aber beim ersten Mal, also bei der Bar Mizwa, ist es schon nervenaufreibend.«

Warum hatten die Juden eigene Stadtviertel?

Lilli wandte sich an den alten Mann: »Können wir in eines der Bücher springen? Ich würde gerne eine Synagoge von innen sehen. Ich war einmal mit Papa in der Oranienburger Straße in Berlin-Mitte. Wir haben ein riesiges Gebäude mit einer goldenen Kuppel gesehen, und Papa hat mir erzählt, dass das eine Synagoge ist. Können wir nicht in so ein Gebetbuch springen und in einer Synagoge landen?« »Logo«, sagte der Alte und musste über sich selbst lachen, weil er schon die Sprache der Kinder übernommen hatte. Die drei stellten sich um ihn herum auf, Juri versuchte einen Platz neben Lilli zu bekommen, aber Jakob quetschte sich im letzten Moment zwischen die beiden. Bevor Juri protestieren konnte, klopfte der Alte mit seinem Stock dreimal auf den Boden und die vier sprangen in eines der Gebetbücher. Juri schloss die Augen, irgendwie hatte er sich an diese neue Art des Reisens noch nicht gewöhnt. Zuerst hörte er nur ein Rauschen, dann aber vernahm er Männerstimmen, die hebräische Gebete sangen. Die Melodie war fremd und doch irgendwie vertraut. Und die Stimmen wurden immer klarer und lauter. Dann entfernten sie sich wieder. Plötzlich hörte Juri Jakob sagen: »Das ist ja gar keine Synagoge. Was für ein Fluss ist das? Kuckt mal, da sind ja Schiffe und diese hohen Berge. Wo sind wir denn?« »Jedenfalls nicht in Israel, so viel steht fest«, sagte Lilli und sah sich um, »da ist eine Stadt.« Der

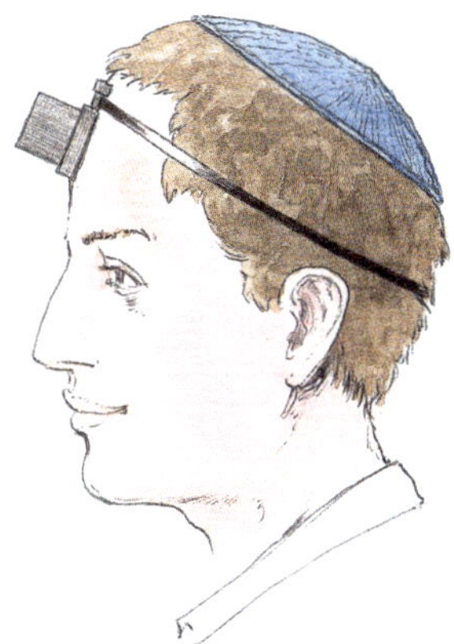

Alte hatte seine Kappe abgenommen und kratzte sich verdutzt am Kopf: »Oh je! Ich werde wirklich alt. Es fällt mir schwer, unsere Reisen richtig zu lenken.« »Ach, komm schon, dauernd sagst du, wie alt du bist. Lasst uns einfach mal in die Stadt gehen, dann sehen wir weiter«, rief Lilli, die schon ein paar Schritte vorausgegangen war.

Die vier wanderten auf das Tor in der hohen Stadtmauer zu. Der Alte erzählte unterdessen, dass die Stadt, die vor ihnen lag, Worms hieß. Der große Fluss, an dem sie erbaut war, war der Rhein. Lilli und Jakob sahen sich verwundert um. Sie waren schon einmal mit dem Zug von Köln nach Mannheim gefahren und kannten daher das Rheintal. Aber die Gegend hier kam ihnen völlig fremd vor. Der alte Mann bemerkte ihre Verwirrung: »Schon vor tausend Jahren lebten Juden in Deutschland. Die Umgebung sieht heutzutage ganz anders aus, nicht wahr?« Lilli sah den Alten an: »Willst du damit sagen, dass wir im Worms von vor tausend Jahren gelandet sind?« Der alte Mann nickte und ging voran. Die Kirchtürme überragten zwar die Stadtmauer, aber trotzdem waren sie recht niedrig im Vergleich zu den Kirchen, die die Kinder aus Berlin kannten. Nach einer Weile erreichte die kleine Gruppe das Stadttor. Jakob rümpfte die Nase: »Das stinkt hier aber ganz schön.« »Ja, das kennt ihr ja schon aus Jerusalem und Ur. Früher gab es keine Müllabfuhr und kein unterirdisches Abwassersystem. Die Leute haben ihren Müll oft einfach auf die Straße geworfen. Außerdem seht ihr ja die vielen Tiere, die hier umherlaufen.« Der Alte deutete auf ein paar Schweine und einen Esel und einige Hühner, die wild gackernd durcheinander liefen. Jakob starrte ein kleines Mädchen an, dessen Kleid-

chen voller Schlammspritzer und anderer Flecken war: »Ja, und Waschmaschinen gab es offensichtlich auch noch nicht.«

Der alte Mann war schon weitergegangen, drehte sich um und rief: »In dem Viertel da vorne leben die Wormser Juden.« »Leben die Juden denn in einem

SCHUM-GEMEINDEN

Schum heißt eigentlich Knoblauch auf Hebräisch, aber hier geht es nicht um Gemeinden, in denen besonders viel Knoblauch gegessen wurde oder um Gegenden, in denen Knoblauch angebaut wurde. Schum steht für die drei hebräischen Buchstaben ש (Schin), ו (Waw) und מ (Mem). Schreibt man diese drei Buchstaben hintereinander שומ, heißt das Schum. Das ש (Schin) steht für die jüdische Gemeinde in Speyer, das ו (Waw) für die Gemeinde in Worms und das מ (Mem) für Mainz oder Magenza, wie die Juden es nannten. Diese drei waren die wichtigsten jüdischen Gemeinden in Deutschland im 11. und 12. Jahrhundert. Alle drei Städte waren Bischofssitze, das heißt, der Herr der Stadt war nicht ein Bürgermeister oder ein Fürst, sondern ein Bischof der katholischen Kirche. Die Bischöfe gewährten den Juden über viele Jahre besonders gute Lebens- und Arbeitsbedingungen.

In den Gemeinden von Speyer, Worms und Mainz gab es berühmte jüdische Hochschulen. Viele Gelehrte lebten hier. Einer von ihnen war Gerschom Ben Jehuda, der ungefähr im Jahr 960 geboren wurde. Genau weiß man das nicht, denn es gab damals noch keine Geburtsurkunden. Er verfasste die Takkanot, das bedeutet auf Deutsch Verordnungen. Nach diesen Verordnungen richteten sich die Schum-Gemeinden, aber auch viele andere jüdische Gemeinden.

Lange Jahre lebten Juden und Christen in Frieden miteinander. Natürlich gab es hin und wieder Streit und manchmal sogar handfeste Auseinandersetzungen, aber im Großen und Ganzen tolerierte man sich. Im Jahr 1096 änderte sich das schlagartig, denn es kam zum ersten Kreuzzug. Die Christen wollten das Heilige Land von den Muslimen zurückgewinnen und zogen mit einem großen Herr nach Jerusalem. Der Kreuzzug brachte aber nicht nur Krieg ins Heilige Land, er sorgte auch für eine ziemlich aggressive Stimmung in Deutschland. In Mainz und Speyer wurden viele Juden von Christen ermordet und Häuser und Geschäfte jüdischer Familien geplündert und in Brand gesteckt.

extra Stadtteil, getrennt von den christlichen Bewohnern?« Lilli versuchte mit dem Alten Schritt zu halten, während Juri und Jakob umherschauten und ein wenig zurückfielen. Nach einiger Zeit blieb der Alte vor einem größeren Haus stehen: »Das hier ist die Synagoge. Man nennt sie auch ›kleiner Tempel‹.« »Schlachten dort die Kohanim Tiere wie in Jerusalem?«, fragte Lilli. Der alte Mann schüttelte den Kopf: »Nein. Im Jerusalemer Tempel hat man dreimal am Tag Tiere geschlachtet. Aber der Tempel wurde von den Römern zerstört, das haben wir auf unserer letzten Reise gesehen. Statt Tieropfer zu bringen, beten die Juden nun dreimal am Tag.« Juri und Jakob kamen angeschlendert »Das Gebet soll also ein Ersatz sein für die Tieropfer!«, rief Juri und tippte sich mit dem Finger an seine Stirn. »Ich kann verstehen, warum die Juden in einem Viertel zusammenleben«, sagte Jakob, der Juri beweisen wollte, dass er zwar kleiner, aber bestimmt nicht weniger klug war als dieser. »Wenn man dreimal am Tag in die Synagoge zum Gebet kommen muss, dann ist es schon besser, wenn man in der Nähe wohnt.« »Sehr richtig«, der alte Mann nickte zustimmend, »außerdem essen die Juden, wie ihr schon wisst, koscher.« »Naja, das ist ja kein so großes Problem, Milch und Fleisch nicht zusammen zu essen. Deshalb muss man ja nicht in einem Viertel zusammenleben, oder?« Lilli sah den Alten fragend an. »Koscher essen ist viel mehr als das. Nach den jüdischen Gesetzen müssen Tiere auf eine ganz bestimmte Weise geschlachtet werden, habe ich euch das noch gar nicht erklärt? Da drüben seht ihr eine jüdische Metzgerei. Die Wormser Juden haben es also zum Einkaufen nicht weit.« Der alte Mann erklärte, dass es in dem Viertel noch einige andere Besonderheiten gab. »An jedem Ort, an dem Juden leben, muss es auch eine Mikwe geben. Das ist ein Bad mit ganz sauberem Wasser. Hier reinigen sich die Männer und vor allem die Frauen der Gemeinde. Normalerweise sind diese Mikwen unterirdisch, im Keller eines Hauses. Es ist meistens ziemlich kalt dort.«

Der Alte war noch mitten in seinen Erklärungen, als plötzlich eine Holztür in dem kleinen Gebäude

MIKWE

In jeder größeren jüdischen Gemeinde muss es eine Mikwe geben. Das ist ein Tauchbad, das meist tief unter der Erde liegt. Bei dem Wasser in der Mikwe muss es sich um sauberes fließendes Wasser handeln. Oft ist es Grundwasser. Das Becken sieht zwar ein bisschen aus wie ein kleiner Swimmingpool, aber in die Mikwe geht man nicht, um sich zu waschen, sich zu erfrischen oder eine Runde zu schwimmen. Zwar wird der ganze Körper unter Wasser getaucht, aber die Reinigung findet eher im übertragenen Sinn statt. Äußerlich muss man schon völlig sauber sein, wenn man in die Mikwe geht.

Dem jüdischen Gesetz nach wird man unrein, wenn man mit bestimmten unreinen Dingen in Kontakt kommt. Zum Beispiel, wenn man einen Toten berührt oder Blut. Wenn das passiert, ist es nötig, wieder rein zu werden. Das geht auch mit Hilfe der Mikwe. Normalerweise kommt man ja zum Glück selten in die Situation, Tote anzufassen, es sei denn man arbeitet in einem Bestattungsinstitut. Mit Blut sieht es schon anders aus. Jüdische Frauen müssen zum Beispiel nach ihrer monatlichen Periode in die Mikwe gehen oder dann, wenn sie ein Baby bekommen haben. Viele jüdische Frauen besuchen auch am Vorabend ihrer Hochzeit die Mikwe. Wichtig ist dabei immer, dass der Mann oder die Frau, wenn er oder sie in das Wasser steigt, völlig nackt ist. Man darf keine Badehose und keinen Bikini tragen, nicht einmal Schmuck. Wenn man dann aus der Mikwe kommt, gilt man wieder als rein.

neben der Synagoge aufgerissen wurde und etwa zwanzig Jungs herausstürmten. Sie rannten in verschiedene Richtungen, manche unterhielten sich, manche rauften miteinander. Einer der kleineren Buben stolperte, fiel hin und begann zu weinen. Ein größerer Junge kam und half ihm wieder auf. Um ihn zu trösten, reichte er ihm einen schönen roten Apfel. »Ach ja, die Schule hätte ich fast vergessen. Man nennt sie Cheder. Das heißt Zimmer. Hier lernen Jungs ab drei Jahren, Hebräisch zu lesen und zu schreiben, und sie lernen, wie man richtig betet. Die Juden haben also eigene Schulen, eigene Läden und vor allem ein eigenes Gotteshaus, die Synagoge. Sie fühlen sich einfach wohler, wenn ihre Nachbarn auch Juden sind. Sie bleiben unter sich.« Lilli musste an Kreuzberg, einen Berliner Stadtteil, denken. Sie war dort einmal mit ihrer Mutter beim Zahnarzt gewesen und hatte auf den Straßen viele Frauen und Mädchen mit Kopftüchern gesehen. Einige Passanten hatten türkisch miteinander gesprochen. In Kreuzberg, so hatte die Mutter ihr erklärt, lebten viele türkische Familien. Die Türken in Kreuzberg hatten auch ihre eigenen Metzgereien, Bäckerein, Supermärkte und Moscheen. Wahrscheinlich ging es ihnen ähnlich wie den Wormser Juden. »Das ist wie bei den türkischen Familien in Kreuzberg, oder?«, sagte sie laut. Der alte Mann nickte: »Ja, wie die Türken heute in Kreuzberg lebten die Juden als Minderheit in einer christlichen Gesellschaft. Aber die Juden in Worms und anderen mittelalterlichen deutschen Städten mussten extra Steuern bezahlen dafür, dass man ihnen gestattete, hier zu leben. An manchen Orten, zum Beispiel in Frankfurt oder Venedig, mussten sie sogar in bestimmten Stadtteilen wohnen, und sie durften diese nicht verlassen. Man nannte diese Stadtteile Ghettos. Die Tore, die in diese Ghettos führten, wurden nachts geschlossen.« »Das ist aber ganz schön fies. Warum hat man das gemacht?«, warf Lilli ein. Einige Sekunden schwieg der Alte, dann sagte er schließlich: »Es gab immer wieder Feindseligkeiten gegen die Juden. Manchmal lebten Juden und Christen jahrelang ganz friedlich nebeneinander, dann wieder gab es Gewalt gegen die jüdische Minderheit.

Warum einige Christen die Juden nicht mochten, weiß ich auch nicht. Aber auch das gehört zu den grausamen Episoden in der jüdischen Geschichte, so wie die Zerstörung des Tempels und der Kampf um Masada.«

GHETTO

Wenn heutzutage von Ghettos gesprochen wird, dann meint man in der Regel Viertel, in denen besonders viele arme Menschen wohnen. So werden in den Vereinigten Staaten Stadtteile, in denen viele arme Afroamerikaner, Mexikaner oder Puertoricaner leben, häufig als Ghetto bezeichnet.

Das Wort Ghetto ist aber viel älter. Das erste Ghetto gab es in Venedig. Die Stadt überließ den Juden im 16. Jahrhundert das Viertel um die alte Gießerei, wovon sich der Begriff Ghetto möglicherweise ableitet: Das italienische Wort »getto« bedeutet Guss. Hier und nirgendwo sonst in der Stadt durften die Juden leben.

Ghettos gab es im Mittelalter und in der Frühen Neuzeit in ganz Europa, auch in Deutschland. Die Frankfurter Juden mussten hier auf engem Raum zusammenleben, weil die Christen ihnen nicht erlaubten, außerhalb des Ghettos zu wohnen. In vielen anderen deutschen Städten waren die Gesetze nicht so streng wie in Frankfurt. Die Juden lebten zwar meistens in ihren eigenen Stadtvierteln oder zumindest in einer oder zwei Straßen zusammen, aber sie wurden nicht dazu gezwungen, und sie wurden vor allem nicht hinter Mauern und Toren eingesperrt. In vielen Städten gibt es heute noch Judengassen, das sind Straßen, in denen früher besonders viele Juden gewohnt haben, in denen jüdische Geschäfte waren und vielleicht auch die Synagoge stand.

Darf man in der Synagoge schwätzen?

»Endlich«, sagte Jakob als die vier die Synagoge betraten, »erst wären wir fast im Rhein gelandet, dann mussten wir den ganzen Weg in die Stadt marschieren und dann hast du uns noch einen Vortrag über jüdische Metzger und diese seltsamen Tauchbäder gehalten. Eigentlich wollten wir nur eine Synagoge von innen sehen.« »Du meckerst die ganze Zeit, du kleine Nervensäge.« Seine Schwester gab ihm eine Kopfnuss. Sie wandte sich an den alten Mann: »Es sieht hier ein bisschen aus wie in einer Kirche.« Und Juri sagte: »Es ist wohl gerade keine Gebetszeit. Es sind gar keine Menschen hier.« Sie sahen sich um. Sonnenlicht fiel nur spärlich durch die hohen schmalen Fenster. Die Holzbänke erinnerten tatsächlich an alte Kirchen, die die Kinder in Berlin besucht hatten. Aber es gab kein Kreuz und keine Heiligenbilder oder -statuen. In der Mitte des Raumes war eine Art Kanzel. Dort, wo in der Kirche der Altar stand, befand sich ein prunkvoll dekorierter Schrein, eine Art großer Schrank aus Holz. Ein samtener roter Vorhang schien etwas zu verbergen. »Was ist hinter dem Vorhang?«, fragte Lilli. »Dahinter werden die Tora-Rollen aufbewahrt«, erklärte Juri. »Die Tora, die Moses am Berg Sinai von Gott bekommen hat«, fiel ihm Jakob ins Wort. Juri achtete einfach nicht auf ihn: »Sie werden dreimal in der Woche aus dem Schrein heraus geholt, und dann wird jeweils ein Kapitel aus der Tora vorgelesen. Montags, donnerstags und samstags.« »Und an deiner Bar Mizwa«, der alte Mann zwinkerte Juri zu. »Ja, an meiner Bar Mizwa habe ich das Kapitel meiner Geburtswoche gelesen.« Jakob setzte sich auf eine der Holzbänke und dachte

RASCHI

ist eine Abkürzung für Rabbi Schlomo Sohn des Jizchak. Die hebräischen Anfangsbuchstaben des Namens, R, Sch und I, werden Raschi ausgesprochen. Raschi wurde im Jahr 1040 im französischen Troyes geboren. Seine Eltern waren Weinhändler und offenbar recht wohlhabend, denn sie konnten ihren Sohn in die Schum-Gemeinden zum Studium schicken. Schlomo war ein guter Schüler und besuchte sogar die berühmte Jeschiwa – das ist eine jüdische Hochschule – in Worms. Nach einigen Jahren kehrte Schlomo zu seiner Familie nach Frankreich zurück und arbeitete als Weinhändler. Aber er war auch weiterhin als Gelehrter tätig und verfasste einen sehr wichtigen Kommentar zum Talmud und zu den Fünf Büchern Mose.

einige Zeit nach. Dann sagte er: »Aber was macht man, wenn man mit der Tora durch ist? Ich meine, wenn man alles gelesen hat?« Der alte Mann strich sich über den Bart: »Ganz einfach, stimmt's Juri? Man beginnt wieder von vorne. Dieser Zyklus beruht mehr oder weniger auf dem jüdischen Kalender. Wisst ihr eigentlich, was das ist? Es gibt nämlich auch noch andere Arten, Stunden, Tage und Monate einzuteilen, als ihr es kennt. Wir haben schon darüber gesprochen, dass der Schabbat abends beginnt …« Jakob unterbrach ihn mit lautem Gähnen. Bisher war das Reisen durch Bücher so aufregend gewesen. Immer gab es viel zu sehen, manchmal war es ja sogar richtig gefährlich gewesen. Jakob sehnte sich nach den spannenden Szenen im Jerusalemer Tempel und in der Festung Masada zurück. Der Alte begriff, dass es den Kindern allmählich langweilig wurde. Er war ein wenig gekränkt und murmelte: »Ihr wolltet doch in die Synagoge, oder?« »Ja, schon. Aber wir dachten, da wäre ein bisschen was los! Außerdem ist es so kalt hier. Können die die Heizung nicht andrehen?« Jakob rieb sich die Arme. »Schade«, sagte der alte Mann, und er klang dabei beinahe trotzig, »ich wollte euch auch einen Rabbi, einen Gelehrten, vorstellen. Er heißt Schlomo Sohn des Jizchak, genannt Raschi, und er ist sehr berühmt. Außerdem ist er Weinhändler. Aber gut, wenn es euch hier zu langweilig ist, springen wir eben in einen anderen Siddur.«

TALMUD

Der Talmud ist fast so etwas wie ein Lexikon. Sämtliche Themen, die wichtig sind für das jüdische Leben und Denken, werden hier behandelt.

Eigentlich regelte die Tora über viele Jahrhunderte das Leben der Juden. Durch diese Gesetze und Gebote wusste man, was richtig war und was nicht. Aber Gott, so glauben die Juden, gab Moses auch noch viele andere Gesetze, die aus irgendwelchen Gründen – vielleicht war Moses gerade zu beschäftigt oder er hatte nicht genug Steintafeln – nicht aufgeschrieben, sondern über viele Generationen nur mündlich weitergegeben wurden. Im Lauf der Zeit bekam man Angst, dass diese mündliche Überlieferung – quasi wie bei der »Flüsterpost« – verändert oder am Ende gar vergessen würde. Deshalb hat Rabbi Jehuda Hanassi die Gesetze gesammelt und niedergeschrieben. Diese Sammlung heißt Mischna. Viele Schüler lernten die Mischna, versuchten sie zu verstehen und diskutierten sie. Die Erklärungen und Diskussionen um die Mischna wurden mit der Zeit ebenfalls aufgeschrieben. Diese Kommentare nennt man Gemara. Mischna und Gemara zusammen bilden den Talmud.

Schweigend umarmten die drei Kinder den alten Mann, der dreimal mit seinem Stock auf den Boden der Wormser Synagoge schlug. Sie sprangen in das Gebetbuch, und schon standen die vier vor einem großen Gebäude. Jakob merkte sofort, dass es angenehm warm war. Außerdem vernahm er Stimmen, die aus dem Haus zu kommen schienen. »Knapp daneben«, sagte Juri und grinste übers ganze Gesicht. »Da ist ja wieder ein großer Fluss. Das ist aber nicht der Rhein, oder?«, rief Jakob. Im nächsten Moment überschlug sich seine Stimme: »Da, da! Schaut mal, die Pyramiden. Sind wir etwa wieder in Ägypten?« Lilli betrachtete verwundert das große Haus und schaute den alten Mann dann ratlos an: »Komisch, als wir das letzte Mal in Ägypten waren, haben die Juden gerade das Land verlassen. Jetzt sind sie wieder da? Wie kommt das?« Der Alte erklärte ihr geduldig, dass einige Juden nach der Zerstörung des Tempels durch die Babylonier nach Ägypten zurückgekehrt waren und hier wieder Gemeinden gegründet hatten. »Das da ist das Herz der jüdischen Gemeinde, die Synagoge«, erklärte er, »wir haben jetzt lang genug über das Leben in der jüdischen Gemeinde gesprochen, lasst uns jetzt in die Synagoge gehen, und dann seht selbst.« Zögernd betraten die vier einen großen Raum. Viele Männer saßen auf den Bänken und am Boden, einige standen auch. Sofort entdeckten die Kinder den Tora-Schrein, den sie schon aus der Wormser Synagoge kannten. Und wie in Worms gab es auch hier keine Abbildungen von Engeln, Heiligen, Menschen oder Tieren. Die betenden Juden trugen lange Bärte, ihre Kleider reichten bis zum Boden und ihre Köpfe waren mit einem Turban bedeckt. Ein Vorbeter stand vor der aufgerollten Tora und las daraus vor. Viele Männer waren tief ins Gebet versunken. Einige wiegten sich vor und zurück. Andere unterhielten sich. »Heute ist also entweder Montag, Donnerstag oder Samstag«, sagte Jakob und kratzte sich am Kopf. »Richtig. Aber wir sind etwa hundert Jahre durch die Zeit gereist. Wir sind in Fustat, im alten Kairo, im 12. Jahrhundert.« »Die Männer sehen aus wie Muslime«, staunte Lilli. »Ja, Kairo ist ja auch eine muslimische Stadt«, erklärte der Alte, »und die Juden haben die Mode ihrer Umgebung übernommen. Wie Juri. Er wohnt in Berlin und er trägt die gleichen Jeans und Turnschuhe wie alle anderen Teenager in Deutschland.« »Einige der Männer unterhalten sich die ganze Zeit. Müssen sie nicht still sein? Wir müssen in der Kirche immer völlig ruhig sein. Nur der Pfarrer darf sprechen.« »Nein, da ist man hier nicht so streng. Die Synagoge ist ein Ort der Zusammenkunft. Man unterhält sich über dies und das, über Alltagsprobleme, über Geschäfte, und natürlich gibt es auch Klatsch und Tratsch.«

Die Kinder sahen sich eine Weile um, dann zeigte der alte Mann auf einen Betenden, der direkt neben dem Schrein saß: »Das da ist ein berühmter Philosoph und Rabbi. Er heißt Mosche, Sohn des Maimon. Die Juden in Deutschland nennen ihn Maimonides.« »Was ist ein Philosoph?«, fragte Jakob neugierig. Der Alte runzelte die Stirn: »Du stellst immer kluge Fragen. Das Wort ›Philosoph‹ ist griechisch und es bedeutet: einer, der die Weisheit liebt. Und Maimonides ist wirklich ein sehr weiser und gebildeter Mann.«

Plötzlich sah der Mann auf. Offenbar hatte er bemerkt, dass auf ihn gezeigt worden war. Langsam erhob er sich von seinem Platz und kam auf den alten Mann und die Kinder zu. Er begrüßte sie umständlich und fragte, woher sie kamen. Der Alte druckste ein wenig herum und sagte schließlich: »Wir kommen von weit her. Die Kinder hier wollten sehen, wie es in einer Synagoge aussieht.« »Na dann, herzlich willkommen! Ihr seid also fremd in der Stadt. Macht mir die Freude und seid heute, am Schabbat, meine Gäste.« Maimonides lächelte ihnen aufmunternd zu.

Juri war irritiert. Sie hatten Berlin doch am Sonntag verlassen. Und jetzt sagte dieser berühmte Rabbiner, dass Samstag sei. Aber dann erinnerte er sich an die Geschichten, die ihm Lilli in der Pause erzählt hatte. Die Zeit, so hatte sie betont, folge einer anderen Logik, wenn man in Büchern reise.

Die vier warteten bis das Gebet vorüber war. Jakob spielte mit einigen Kindern, die ihre Väter in die Synagoge begleitet hatten, um sich die Zeit zu vertreiben. Einige Jungen hatten bunte Murmeln dabei. Ziel des Spiels war es, mit den Murmeln möglichst nah an eine etwas größere schwarze Kugel heranzukommen. Und Jakob war gar nicht schlecht. Lilli und Juri dagegen hörten dem alten Mann zu, der ihnen erklärte, dass alle Synagogen der Welt Richtung Jerusalem ausgerichtet waren. Auch hier in der jüdischen Gemeinde von Kairo, wie in fast allen jüdischen Gemeinden, so der Alte, gab es Mikwen, eigene Schulen, Metzgereien und Bäckereien. Wie in Worms lebten die Fustater Juden zwar gemeinsam in einer Stadt mit den Nichtjuden, aber sie blieben in ihrer eigenen Nachbarschaft. Lilli hatte während der letzten Stunden immer wieder über das Zusammenleben der Juden und Christen in Worms nachgedacht. Sie konnte einfach nicht verstehen, warum die Juden immer wieder ungerecht behandelt wurden: »Gab es auch hier Gesetze, die die Juden benachteiligten?« Der alte Mann nickte und sagte: »Ja, aber die Gesetze waren nicht so streng wie in Deutschland in den Zeiten des Mittelalters.«

Darf ein Arzt am Schabbat heilen?

Juri, Lilli und der alte Mann waren so ins Gespräch vertieft, dass sie erst spät bemerkten, dass einige Soldaten in Rüstungen und spitzen Helmen die Synagoge betraten. An ihren Gürteln blitzten bedrohlich aussehende Krummsäbel. Das Gebet verstummte, denn die Soldaten zogen alle Aufmerksamkeit auf sich. In den Augen einiger jüdischer Männer konnte Juri Verunsicherung, ja vielleicht sogar Furcht erkennen. Was wollten die Soldaten hier? »Nicht schon wieder«, flüsterte Lilli, »kommen die wegen uns?« Jakob stand mit offenem Mund mitten im Raum. »Jakob«, zischte sie, »komm sofort hierher.« Aber ehe der Junge reagieren konnte, war die Gruppe von Soldaten bereits an ihm vorübermarschiert und ging auf Maimonides zu. Die Soldaten verneigten sich vor dem Gelehrten. Der Hauptmann räusperte sich und sagte dann: »Unsere Hoheit, der Sultan, fühlt sich nicht wohl und ruft seinen Arzt.« Wortlos erhob sich Maimonides. Er schien überhaupt nicht überrascht über diesen Besuch. Als er mit den Soldaten schon fast zur Tür hinaus war, drehte er sich noch einmal um und winkte den Alten, Jakob, Juri und Lilli zu sich: »Kommt mit!« Juri und Lilli waren zunächst noch unschlüssig, ob Maimonides wirklich sie meinte. Aber Jakob hatte sich schon von der Hand seiner Schwester losgemacht und rannte zum Synagogenausgang. Die anderen drei folgten ihm. Als sie den Gelehrten und die Soldaten erreicht hatten, erklärte dieser den Männern gerade: »Das sind meine Gäste. Sie begleiten mich, wenn ihr nichts dagegen habt.« Mit seinen dunklen Augen sah Maimonides Lilli eindringlich an, dann legte er ihr die Hand auf den

Kopf. Lilli war die Situation ein wenig peinlich. Ratlos suchte sie den Blick des alten Mannes. Der flüsterte ihr zu: »Maimondes hat vor wenigen Monaten seine Tochter verloren. Sie war krank und ist gestorben. Vielleicht erinnerst du ihn an sie.«

Die seltsame Gruppe – der gelehrte Mann in seinem festlichen Gewand, die schwer bewaffneten Soldaten, der Alte und die drei Kinder – eilte durch die engen Gassen der Stadt. Nachdem sie um verwirrend viele Ecken gebogen waren, erreichten sie einen großen Platz mit einem prächtigen Palast. Juri versuchte, mit Maimonides Schritt zu halten. Er war ein bisschen schüchtern, aber er wollte zu gern wissen, warum Maimonides sein Samstaggebet unterbrochen hatte und was die Soldaten von ihm wollten. Schließlich überwand er sich und fragte: »Wohin gehen wir denn jetzt so schnell? Heute ist doch Schabbat«. Der Mann sah ihn aufmerksam an: »Das hast du richtig bemerkt, mein Junge. Aber ich bin Arzt. Und wenn einer meiner Patienten mich braucht, muss ich auch am Schabbat zu ihm kommen. Saladin ist krank und bedarf meiner Pflege.«

Jetzt hatte Jakob Juri und Maimonides erreicht und drängte sich zwischen die beiden. Er kratzte sich an seiner Nase und sagte: »Also, Sie sind Rabbiner, Philosoph – keine Ahnung, was der eigentlich macht – und Arzt. Schlafen Sie nicht, oder wie finden Sie Zeit für das alles?« Der Gelehrte musste lachen: »Doch, doch. Acht Stunden am Tag muss man schlafen. Auch ich. Aber den Rest der Zeit widme ich dem Studium. Wenn du es mir gleich tust, kannst du und jeder andere wie der Prophet Moses werden.« »Sie meinen, ich könnte auch Arzt, Philosoph und Rabbiner sein?« Jakob war verblüfft. »Warum nicht? Ich bin nicht klüger als du, ich habe

PIKUACH NEFESCH

heißt auf Deutsch »Errettung der Seele«. Das klingt irgendwie hochtrabend und kompliziert. Aber eigentlich ist es ein sehr einleuchtendes Prinzip.

In jeder Familie gibt es bestimmte Regeln. Wenn zum Beispiel die Eltern mit den Kindern ausgemacht haben, dass als Erstes nach dem Essen die Hausaufgaben erledigt werden müssen, dann gilt diese Absprache, und alle sollten sich daran halten. Wenn aber nun die Geschwister von der Schule kommen und einer oder eine von ihnen traurig ist, weil es eine schlechte Note gab oder Streit auf dem Schulweg, dann ist es völlig in Ordnung, wenn man sich zunächst einmal um die Schwester oder den Bruder kümmert. In diesem Fall ist es also wichtiger, die Schwester oder den Bruder zu trösten oder vielleicht auch ein bisschen zu spielen oder ein Eis essen zu gehen, um sie oder ihn auf andere Gedanken zu bringen.

So ähnlich ist das mit Pikuach Nefesch. Eigentlich darf man am Schabbat nicht arbeiten. Wenn aber nun jemand in Lebensgefahr ist, dann wiegt das Gebot, dem anderen zu helfen, schwerer als das Gebot der Schabbat-Ruhe. Ein Arzt muss also einem Patienten in Lebensgefahr helfen, auch wenn er dadurch die Schabbat-Ruhe verletzt.

einfach nur schon ein bisschen mehr gelesen und gelernt.« »Okay. Was ein Arzt macht, ist mir klar. Aber was macht eigentlich ein Rabbiner? Ist das ein guter Job?« »Ich antworte dir später auf deine Fragen. Sultan Saladin soll man nicht warten lassen.« Maimonides stieg die Stufen zum Palast hinauf und bedeutete seinen Gästen, ihm zu folgen. In diesem Moment erklang eine Stimme, die in den engen Gassen der Stadt widerhallte : »Allahu akbar! Gott ist groß. Es gibt keinen Gott außer Gott.« Jakob drehte seinen Kopf, um zu sehen, woher der Ruf kam. »Das ist der Muezzin«, erklärte der alte Mann, »er ruft die Muslime zum Gebet.«

Die Melodie war sehr schön, und Jakob hätte ewig zuhören können, aber Maimonides eilte schon durch das große Tor. Die Kinder folgten ihm und staunten. Der Palast war prächtig: Blaue, rote und gelbe Kacheln zierten die Seiten, rote und weiße Marmorsäulen ragten zur Decke, und feine Ornamente schlängelten sich über die Wände. Die kleine Gruppe durchquerte einen begrünten Innenhof, in dessen Mitte ein Brunnen plätscherte. Tauben gurrten. Schließlich erreichten sie einen großen Saal. Sein Fußboden war mit prächtigen Mosaiken geschmückt. Darüber lagen kreuz und quer bunte Teppiche. Auf einem der Teppiche kniete der Sultan. Er war tief gebeugt, so dass seine Stirn den Boden berührte. Offenbar betete er. Die Kinder, der Alte und auch Maimonides standen noch immer neben der großen Holztür, als sich der Mann schließlich erhob, auf einen wunderbar verzierten Stuhl setzte und Maimonides herbeiwinkte. Dieser verbeugte sich tief und begann dann, Saladin zu untersuchen. Jakob wollte sich die Sache aus der Nähe ansehen und stellte sich neben Maimonides. Er beobachtete, wie der Arzt dem mächtigen Patienten in die Augen sah: »Sie sind entzündet.« Maimonides befühlte die Stirn des Sultan: »Und ein wenig Fieber hast du auch.« Er wandte sich zu Jakob, Lilli und Juri und erzählte ihnen, wie Saladin Jerusalem erobert hatte. Vorher war die Stadt in den Händen der christlichen Kreuzfahrer gewesen. Diese Kreuzfahrer waren aus Europa ins Heilige Land gekommen und hatten auf ihrem Weg Tausende von Juden getötet. Auch in Jerusalem hatten sie zahllose jüdische und muslimische Bewohner ermordet. Die Kinder waren tief erschrocken, und Lilli fragte den Sultan, ob er sich nach der Eroberung von Jerusalem an den

Christen dort gerächt habe. Da Maimonides gerade die Zunge Saladins untersuchte, konnte dieser nur etwas Unverständliches von sich geben. Der Hauptmann der Wache, der mit seinem Krummsäbel neben dem Thron stand, erhob die Stimme: »Nein, unser gnädiger Herrscher gab den Christen die Möglichkeit, die Stadt zu verlassen. Auch die Grabeskirche – dort ist Jesus beerdigt und sie ist ein sehr heiliger Ort für die Christen – ließ unser gnädiger Herr unzerstört.« Endlich nahm Maimonides das Holzstäbchen aus Saladins Mund. Der Sultan hustete so sehr, dass ihm die Tränen über die Wangen liefen. Dann räusperte er sich vernehmlich und sagte: »Jesus, Moses und Abraham sind auch uns Muslimen heilig. Christentum, Judentum und Islam sind zwar unterschiedliche Religionen, aber wir glauben alle an den einen Gott. Ihr habt ja vorhin

KREUZZÜGE

Jerusalem gilt Juden, Muslimen und Christen als heilig. Deswegen wird die Stadt heiß geliebt und von allen verehrt. Deswegen pilgern Gläubige dieser drei Religionen nach Jerusalem und deswegen gab es und gibt es immer wieder Streit und sogar blutige Kämpfe um diese Stadt.

Zu schrecklichen Kriegen kam es im 11., 12. und 13. Jahrhundert in Palästina, weil Christen und Muslime um Jerusalem stritten. Seit dem 7. Jahrhundert unserer Zeitrechnung breitete sich der Islam im Nahen Osten und in Nordafrika aus. Auch Jerusalem geriet unter muslimische Herrschaft, was für die Christen in aller Welt ein großer Schock war. Für die Juden, die noch in Palästina lebten, war das Leben unter muslimischen Herrschern allerdings meistens leichter als unter christlichen Königen und Fürsten.

Viele Jahre lebten Muslime, Juden und auch Christen in Palästina relativ friedlich miteinander. Aber die christlichen Könige und die Kirche in Europa konnten und wollten sich nicht damit abfinden, dass die Heilige Stadt in muslimischer Hand war. Sie beschlossen, dass man die Stadt und die gesamte Gegend zurückerobern müsse, und riefen zu Kreuzzügen auf. Der erste Kreuzzug begann im Jahr 1096. Aus vielen Städten und Regionen der christlichen Königreiche machten sich Armeen auf.

Die Kreuzzüge wirkten sich verheerend aus auf das Zusammenleben zwischen Christen und Juden in Deutschland und in anderen christlichen Reichen. Die Kreuzzügler begannen ihren Kampf gegen die Andersgläubigen nicht erst im Nahen Osten, sondern bereits in der Heimat. Und Juden waren Andersgläubige. In vielen Städten kam es zu schrecklichen Pogromen, wie man Ausschreitungen gegen ganze Bevölkerungsgruppen nennt. Juden wurden ermordet oder vertrieben, Synagogen in Brand gesteckt.

Die Kreuzfahrer gelangten schließlich nach Jerusalem, und drei Jahre, nachdem sie in Europa aufgebrochen waren, im Jahr 1099, besiegten sie die muslimischen Truppen und nahmen die Stadt ein. Sie töteten alle Juden und Muslime, die hier lebten, und riefen das christliche Königreich Jerusalem aus.

sicher den Muezzin gehört.« Er wischte sich die Tränen aus dem Gesicht und fügte murmelnd hinzu: »Er ist ja kaum zu überhören.« Maimonides schmunzelte. Man konnte deutlich spüren, dass die beiden Männer sich mochten. »Es ist wirklich schwer zu glauben, dass so ein tapferer Krieger und kluger Herrscher vor einer kleinen Erkältung solche Angst hat. In den kommenden Tagen schonst du dich ein wenig, dann ist das Fieber schnell überstanden. Vergiss nicht, reichlich zu trinken. Und arbeite nicht so viel.« »Du hast leicht reden«, gab der Sultan zurück und verdrehte die Augen, »ich habe

ein Imperium zu regieren.« Aber Maimonides gab nicht so schnell auf: »Stimmt. Und ich schreibe ja nur Bücher, versorge Kranke und leite eine jüdische Gemeinde mit vielen eigensinnigen Mitgliedern. Und glaube mir, Sultan, das ist genauso kompliziert wie ein ganzes Reich zu regieren. Aber wenn man krank ist, dann ruht man sich besser aus.« Das Lachen des Sultans wurde von einem neuen Hustenanfall unterbrochen: »Geschenke«, konnte er gerade noch herausbringen: »Geschenke für unsere Gäste«. Ein Diener betrat den Saal und überreichte den Kindern kleine Kostbarkeiten: ein goldenes Armband für Lilli und silberne Amulette dekoriert mit arabischen Schriftzeichen für Juri und Jakob.

Was macht ein Rabbiner?

Die Kinder rissen sich nur schweren Herzens von Saladin und dem prächtigen Palast los. Aber Maimonides drängte zum Aufbruch: »Das Nachmit-

tagsgebet beginnt in Kürze, und als Rabbi muss ich dann in der Synagoge sein.« »Der Rabbi ist also der Chef der Gemeinde?«, fragte Jakob, der wieder verzweifelt versuchte mit Maimonides Schritt zu halten. Der hatte es aber auch immer eilig. »Stimmt ja, du wolltest wissen, was ein Rabbi genau macht. Er ist

SALADIN

Saladin war ein mächtiger Sultan. Er wurde 1137 oder 1138 in Tikrit, das liegt im heutigen Irak, geboren. Sein Regierungssitz, wo sein prachtvoller Palast stand, war Fustat in Ägypten. Heute heißt die Stadt Kairo.

Saladin trug den Beinamen al-Malik an Nasir, das heißt »der siegreiche König«. Und Saladin war wirklich ein siegreicher König. Sein Reich, in dem die meisten Bewohner Muslime waren, auch wenn dort nicht wenige Juden und Christen lebten, war groß und einflussreich. Umso unerträglicher war es für Saladin, dass Jerusalem in christlicher Hand war, und er beschloss, die Kreuzfahrer aus der Stadt zu vertreiben. In der Schlacht bei Hattin besiegte er die christlichen Kreuzritter und eroberte Jerusalem. Das war das Ende der christlichen Herrschaft über die Stadt, die 88 Jahre gedauert hatte.

Nach den blutigen Massakern, zu denen es nach der Eroberung der heiligen Stadt durch die Christen gekommen war, nahm man an, dass Saladin sich an den christlichen Einwohnern der Stadt rächen werde. Aber der Sultan ließ Gnade walten. Die reichen Christen verließen das Heilige Land. Saladin machte aus Jerusalem wieder eine Stadt für Muslime, Juden und Christen.

das Oberhaupt der Gemeinde. Er betätigt sich jedoch manchmal auch als Richter, wenn es Streitigkeiten unter Juden gibt. Dafür muss ein Rabbi die Gesetze des Moses in- und auswendig kennen. Außerdem muss er die Bücher der jüdischen Gelehrten gelesen haben. Das sind Hunderte von Bücher, wisst ihr?«, erklärte Maimonides. »Und was passiert, wenn es in Ihrer Gemeinde zu Streitfällen kommt, die nicht von Moses' Gesetzen oder den anderen Rabbinern geregelt wurden?«, schaltete sich Juri in das Gespräch ein. »Dann muss ich neue Bestimmungen erlassen, die im Einklang stehen mit unserer Tradition. So passen wir unsere Religion immer an die neue Situation, in der wir leben, an.« »Werden Sie gut dafür bezahlt? Unser Rabbiner bekommt ein ganz ordentliches Gehalt von der Gemeinde«, sagte Juri. Maimonides sah den Jungen an und erwiderte kühl: »Es gibt Rabbiner, die bezahlt werden. Aber ich und viele andere machen diese Arbeit gratis. Für mich ist Rabbiner-Sein eine Pflicht und eine Ehre. Den Lebensunterhalt für mich und meine Familie verdiene ich als Mediziner.«

Maimonides merkte, dass er den Kindern ein bisschen Angst gemacht hatte mit seiner strengen Miene, und er lächelte wieder: »Als Rabbiner habe ich aber auch noch eine weitere wichtige Aufgabe. Wisst ihr, welche?« Jakob schüttelte den Kopf. »Ich vertrete die jüdische Gemeinde vor dem muslimischen Herrscher. Die Gemeinde muss besondere

Steuern bezahlen. Manchmal gibt es auch Ärger mit unseren muslimischen Nachbarn. Immer dann, wenn es Probleme gibt, werde ich geholt. Ihr habt Saladin ja kennengelernt. Er lässt schon mit sich reden.«

Juri, Jakob, Lilli und der alte Mann begleiteten Maimonides in die Synagoge. Als das Abendgebet vorüber war und sie durch das große Tor ins Freie traten, wurde es bereits dunkel. Es war ein herrlicher Abend, immer noch war es angenehm warm. Jakob schaute in den Himmel und rief aufgeregt: »Da, seht, Sterne! Der Schabbat ist vorüber!« Die Kinder wollten sich in den Gassen Kairos ein wenig umsehen. Vor den Läden standen große Tonkrüge mit Gewürzen, geschlachtete Schafe hingen in den Auslagen der Metzger. Einige Männer saßen auf der Gasse zusammen und unterhielten sich. Aber wie immer hatte es Maimonides eilig. Schließlich erreichten sie ein unscheinbares Haus. Maimonides führte seine Gäste direkt in sein Studierzimmer. Auf einem großen dunklen Holztisch lagen Pergamente und Schriftrollen. Maimonides sah zu dem Tisch hinüber und stöhnte leise: »Diese Briefe hier muss ich alle beantworten. Juden aus allen Ländern schreiben mir und fragen mich um Rat. Das da zum Beispiel ist ein Schreiben aus dem Jemen. Draußen in der Halle warten viele Besucher auf mich. Auch sie wollen meine Meinung zu ganz verschiedenen Problemen hören. Da ist zum Beispiel eine Witwe aus unserer Gemeinde hier in Fustat. Sie ist sehr arm. Aber es kommen auch Leute, die Streit mit ihrem Nachbarn haben. Die Liste ist endlos.« »Jetzt verstehe ich auch, warum Sie es immer so eilig haben.« Jakob grinste und lief zu den Wandregalen. Dort standen große und kleine Bände, einer neben dem anderen. Maimonides seufzte tief, er sah auf

einmal sehr müde aus: »Bitte entschuldigt. Aber wie ihr seht: Die Arbeit ruft. Ihr könnt natürlich, wenn ihr möchtet, gern noch ein bisschen in meiner Bibliothek bleiben und euch umsehen.« Juri zog ein Buch mit dem Titel »Führer der Verwirrten« aus dem Regal und schlug es auf. Mühsam las er einige Zeilen vor, aber er verstand nicht, was sie bedeuteten. Lilli und Jakob sahen fragend den Alten an. »Das ist das berühmteste Werk des Maimonides«, sagte der alte Mann und umarmte die Kinder. Die vier sprangen in das aufgeschlagene Buch. Die Buchstaben wirbelten um sie herum, es war ein komplizierter und unverständlicher Strudel von Wörtern und Sätzen. Schließlich landeten sie vor einem riesigen Bücherregal. Lilli betrachtete den Raum. Das war gar nicht die Bibliothek des Jüdischen Museums. »Wo sind wir?« fragte sie den alten Mann. »Wir sind in der Bibliothek der Humboldt-Universität in Berlin«, sagte der Alte. Jakob sah sich das Regal näher an: Hier standen Hunderte von Büchern von und über Maimonides in verschiedenen Sprachen und Ausgaben. Wieder zog Juri eines der Bücher heraus: »Der Führer der Verwirrten« las er laut vor, »Wahnsinn! Jetzt verstehe ich langsam, wie das Reisen durch Bücher funktioniert.«

SECHSTES BUCH

Moses Mendelssohn »Jerusalem«

Wieso hörten viele Juden auf, die jüdischen Gesetze zu befolgen?

In der folgenden Woche machte Juri Lilli den Vorschlag, ihn am Samstag besuchen zu kommen. Sie standen gerade im Bus und machten Pläne für den Tag, da erspähte Lilli ihren kleinen Bruder. Sie wusste genau, wenn er mitbekäme, dass sie zu Juri eingeladen war, wollte er bestimmt auch dabeisein. Sie machte Juri ein Zeichen, aber es war schon zu spät: »Was machen wir am Samstag? Zu Juri? Super. Ich will gern mal sehen, wo du wohnst.« Juri war stinksauer, sagte aber nichts und sah Lilli an. Aber sie brachte es nicht über sich, ihrem Bruder zu sagen, dass sie lieber allein zu Juri gehen würde.

»Familie Kohen« stand auf dem Klingelschild neben der Haustür. Während Jakob und Lilli warteten, dass jemand die Türe öffnete, bemerkten sie, dass am Türrahmen eine Mesusa hing. »Kuck mal, wie bei der Familie am See Genezareth: eine Mesusa.« Juris Mutter stand plötzlich in der Tür. »Hallo«, sagten Lilli und Jakob schüchtern. Die Mutter bemerkte, dass Jakob das gleiche seltsame Amulett trug wie neuerdings ihr Sohn. »Ich nehme an, du hast die Kette auch von Sultan Saladin bekommen«, sagte sie in gebrochenem Deutsch und mit einem Augenzwinkern. »Ja klar, und Lilli hat er ein goldenes Armband geschenkt«, antwortete Jakob völlig ernst. Die Mutter rief so laut, dass selbst der im Hintergrund laufende Fernseher übertönt wurde: »Diese Kinder hier haben wirklich Humor. Wo habt ihr denn diese fantastischen Geschichten immer her?« Lilli schüttelte verständnislos den Kopf: »Komisch, meine Mutter hat genau das Gleiche gesagt, als sie den Schmuck gesehen hat.« Jakob sah sich inzwischen im Wohnzimmer der Familie um: »Die Stadt auf diesem Bild ist Jerusalem, stimmt's? Und was ist das für ein komischer Kerzenständer?« Lilli war es ein bisschen peinlich, dass ihr kleiner Bruder so viele Fragen stellte. Aber eigentlich war sie auch neugierig. Juri ignorierte Jakob und sah nur Lilli an, während er erklärte: »Das ist eine kleine Kopie des siebenarmigen Leuchters, der im Jerusalemer Tempel gestanden hat. Wir nennen ihn Menora. Viele jüdische Familien haben so einen Kerzenständer zu Hause.«

Die drei gingen in Juris Zimmer. Jakob war eine ganze Zeit mit Computerspielen beschäftigt, und Juri spielte Lilli die neuesten Songs vor, die er aus dem Internet heruntergeladen hatte. Die beiden saßen auf dem Bett, und jeder von ihnen hatte einen Stöpsel des MP3-Players im Ohr. Gegen Mittag klopfte es an der Tür, und Juris Mutter kam her-

MENORA

heißt Leuchter auf Hebräisch. Gemeint ist meistens ein siebenarmiger Leuchter. Die Bibel berichtet, dass Moses ein Zelt errichten ließ, in dem die Gesetzestafeln untergebracht waren. In diesem Zelt gab es eine Menora, deren Licht niemals ausging. Auch in den beiden Tempeln in Jerusalem stand eine große Menora. Als die Römer im Jahre 70 den Tempelschatz plünderten, nahmen sie auch den siebenarmigen Leuchter mit nach Rom. Auf dem Triumphbogen des Titus, der heute noch in Rom steht, ist die Menora abgebildet. Mit diesem Bogen ehrte die Stadt den Feldherrn Titus und zeigte dem Volk von Rom, welche Kostbarkeiten er ihnen aus dem fernen Land mitgebracht hatte. Für Juden ist der Titusbogen eine bittere Erinnerung an die Zerstörung des Tempels und den Verlust ihres Landes. Deshalb gehen Juden bis heute nicht unter dem Titusbogen hindurch.

ein. »Habt ihr keinen Hunger? Ich fange jetzt an zu kochen, aber hier habt ihr schon mal ein paar belegte Brote.« Sie reichte Juri einen großen Teller mit Broten, Gurken- und Tomatenschnitzen und ging dann wieder. Juri biss herzhaft in eines der Brote. Lilli sah ihn groß an und nahm langsam den Stöpsel aus dem Ohr. Die Musik dudelte weiter. Auch Jakob starrte Juri an. »Waff?« Juri konnte mit dem vollen Mund nicht richtig sprechen, er schluckte schnell herunter und wiederholte noch mal: »Was?« Lilli wusste nicht recht, was sie sagen sollte. »Wir dürfen so ein Sandwich essen, aber Juden doch nicht!«, rief Jakob empört. Juri sah ihn verständnislos an und sagte: »Das ist doch gar kein Schweinefleisch. Das ist Putensalami.« »Aber da ist Käse drauf«, rief Jakob. Er wurde immer vorlauter: »Und deine Mutter kocht am Samstag! Bei unseren Reisen durch die Bücher haben wir gelernt, dass jüdische Frauen nicht am Schabbat kochen, sondern das Essen schon am Freitag vorbereiten. Und euer Fernseher läuft auch.« Juri fühlte sich ertappt und gleichzeitig ärgerte er sich. Wer war dieser Zwerg, dass er ihm erklärte, wie sich Juden zu benehmen hatten? »Ihr seid Christen, oder? Aber ihr geht auch nicht jeden Sonntag in die Kirche«, sagte Juri. Er hätte Jakob am liebsten in den Schwitzkasten genommen, aber Lilli zuliebe riss er sich zusammen. »Die meisten Juden, die ich kenne, halten sich an die jüdische Tradition, sie feiern die Festtage. Wir haben die Mesusa an der Tür, wie ihr sicher gesehen habt, und ich habe für meine Bar Mizwa ganz schön gepaukt. Aber viele andere Gebräuche und Gesetze ignorieren wir.« »Aber warum? Es ist doch eigentlich ganz schön, am Samstag nicht zu arbeiten. Und irgendwie finde ich es auch cool, Gesetze zu befolgen, die so alt sind«, sagte Lilli. »Wir haben uns über diese Sache schon mal mit dem alten Mann im Museum unterhalten. Er hat uns erzählt, dass viele Juden die Gesetze nicht mehr einhalten. Er ist ganz traurig geworden, kannst du dich erinnern, Jakob?« Ihr Bruder nickte heftig: »Ja. Morgen,

wenn wir im Museum sind, fragen wir noch mal danach, ja?« Lilli merkte, dass Juri immer noch verstimmt war. Sie versuchte zu versöhnen: »Der alte Mann findet sicher das richtige Buch, um uns das Ganze zu erklären.«

»Hallo!« Jakob stürmte dem alten Mann entgegen und umarmte ihn, als die drei am nächsten Tag ins Museum kamen. Ohne jede Begrüßung fragte Lilli gleich: »Wieso leben die Juden heute nicht mehr so wie die Juden, die wir in Israel, Kairo und Worms besucht haben?« »Na, na, na! Immer langsam. Hallo Kinder.« Jetzt bemerkte Lilli erst, dass sie den alten Mann mit ihrer Frage überfallen hatte. »Oh, entschuldige. Aber wir waren gestern bei Juris Familie zu Hause. Sie haben zwar eine Mesusa an der Tür hängen, ein Bild von Jerusalem im Wohnzimmer, und Juri hat ja auch seine Bar Mizwa gefeiert. Aber die meisten jüdischen Gesetze befolgt seine Familie gar nicht.« Sie sah zu Juri. Der zuckte nur mit den Schultern. Und Lilli fügte hinzu: »Juri konnte uns das alles aber nicht richtig erklären.« »Das stimmt nicht«, protestierte Juri, »ihr habt mir ja gar nicht die Möglichkeit gegeben. Ihr wolltet gleich hier ins Museum und ihn fragen.« Er sah den Alten an. Die Falten in seinem Gesicht schienen heute noch tiefer als sonst. Offensichtlich hatte ihn Lillis Frage sehr traurig gemacht, er schwieg lange. Jakob nahm die Hand des Alten und flüsterte: »Was ist denn los mit dir?« Endlich fing der alte Mann wieder an zu sprechen: »Ich bin mir nicht sicher, ob ich eure Frage richtig beantworten kann, aber ich will es versuchen. Und Berlin ist der geeignete Ort dafür. Kommt«, er zwang sich zu einem Lächeln, »wir nehmen die U-Bahn.«

Während sie sich auf den Weg zur U-Bahn-Station machten, erklärte er den Kindern, dass die jüdische Gemeinde in Berlin im 18. Jahrhundert möglicherweise die erste Gemeinde war, die aufhörte, jüdische Bräuche zu befolgen. Jakob hielt immer noch die runzlige Hand des Alten: »Und in welches Buch springen wir heute?« »Keine Sorge, wir werden schon was Passendes finden.« Ratternd fuhr die U-Bahn in die Station ein, und die Türen öffneten sich. »Wir fahren ins Scheunenviertel«, erklärte der alte Mann, »hier lebte vor mehr als zweihundert Jahren ein großer jüdischer Philosoph, der Moses Mendelssohn hieß.« »War er auch Rabbiner und Arzt wie Maimonides?«, fragte Juri. »Nein, aber wie Maimonides hat auch Mendelssohn viele Bücher geschrieben.« An der Station Oranienburger Straße stiegen die vier aus. »Das ist die Synagoge, die mir Papa neulich gezeigt hat«, rief Lilli und deutete auf das große Gebäude mit der goldenen Kuppel. Nach einigen Minuten erreichten sie ein Haus, über dessen Eingang »Moses-Mendelssohn-Schule« stand. »Das ist die jüdische Schule«, erklärte Juri. »Eigentlich wollten meine Eltern mich in diese Schule schicken, aber sie ist zu weit entfernt von unserer Wohnung.« Die kleine Gruppe spazierte weiter. »Ach, lasst uns in dieses Antiquariat gehen, da kann man immer viele Dinge entdecken«, schmunzelte der Alte. »Was ist ein Antiquariat?« Jakob sah ihn an

und verschränkte seine Arme. »Da kann man alte Bücher kaufen, kommt mit.«

Offensichtlich kannte der Buchhändler den alten Mann, denn nachdem die beiden einige Neuigkeiten ausgetauscht hatten, führte er sie in ein Hinterzimmer, dessen Regale vom Boden bis zur Decke mit Büchern gefüllt waren. »Schaut mal, da stehen Bibeln, und hier ist sogar eine Haggada«, rief Lilli. »Und da ist ein Buch von diesem Raschi aus Worms, von dem du uns erzählt hast«, fügte Juri hinzu. Aber der alte Mann schüttelte den Kopf und murmelte: »Nein, das ist nicht das, was ich suche. Die Bücher haben wir alle schon bereist.« Schließlich zog er einen schmalen Band mit dem Titel »Jerusalem« aus dem Regal. Der alte Mann blies den Staub ab, schlug das Buch behutsam auf und blätterte darin. »Super, wir reisen mal wieder nach Jerusalem«, rief Jakob, »hoffentlich landen wir nicht aus Versehen im Tempel, sonst gibt es wieder Ärger.« Juri schüttelte den Kopf. Der Kleine ging ihm manchmal gehörig auf die Nerven.

Gab es jüdische Räuberbanden?

Der Alte umarmte die Kinder und murmelte: »Das ist eine ganz alte Ausgabe von ›Jerusalem‹, sie ist sehr, sehr teuer.« Er klopfte dreimal mit dem Stock auf den knarzenden Holzboden, und die vier sprangen in das Buch. Zu Jakobs großer Enttäuschung landeten sie allerdings nicht in Jerusalem, sondern fanden sich in einer dunklen Holzhütte wieder. »Brrr. Das ist aber kalt hier drin.« Juri verzog das Gesicht: »Und es riecht so seltsam. Ist das Schimmel?« In diesem Moment kreischte Jakob: »Da krabbeln überall eklige Käfer.« Sie sahen sich in der Hütte um. In den Ecken hingen riesige Spinnweben. Ein großer schwarzer Tausendfüssler verschwand in einem Loch in der Holzwand. Die Tür stand halb offen, die Fensterläden waren eindrückt, und in einer Ecke waren die Reste einer Feuerstelle zu sehen. »Das Buch hieß doch ›Jerusalem‹. Aber wenn ich mich nicht täusche, sind wir gar nicht in Jerusalem. Aber wo sind wir dann?« Lilli sah den Alten an. In diesem Augenblick knarrte die Holztüre, und ein wild aussehender Mann mit zauseligem Bart trat ein. »Willkommen in unserem Palast!«,

donnerte er. Als er lächelte, wurde eine riesige Zahnlücke sichtbar. Er nahm seine schwarzen Finger in den Mund und pfiff, woraufhin einige Männer, Frauen und Kinder in die Hütte traten. Die meisten von ihnen hatten keine Schuhe an, ihre Haare waren verfilzt und ihre Kleider schmutzig und zerrissen. »Das ist kein Palast, Abraham, das ist ein Hotel. Und jeder Gast muss bezahlen«, sagte eine dunkelhaarige Frau grinsend. Herausfordernd sah sie Juri, Jakob, Lilli und den Alten an. Dann wandte sie sich an einen der Buben und sagte: »Los, Jossele, schau mal, was unsere Gäste zu bieten haben.« Der Junge ging auf Juri zu und wollte nach dessen silbernem Amulett greifen. Aber Juri schubste ihn weg: »Lass bloß deine Finger von mir.« Da packte ihn der Junge am Kragen, sah ihm in die Augen, riss ihm die Kette vom Hals und sagte: »Hör mal, leg dich bloß nicht mit uns an.« Lilli und Jakob standen wie ver-

steinert da und konnten sich nicht rühren. Doch schon kam ein Mädchen, nicht viel älter als Jakob, und nahm den beiden Geschwistern den Schmuck, den der Sultan ihnen geschenkt hatte, ab. Vor Wut und Hilflosigkeit stiegen Lilli Tränen in die Augen: »Wir wollten Moses Mendelssohn treffen, aber stattdessen werden wir beklaut.« Sie sah den alten Mann vorwurfsvoll an: »Hast du dich schon wieder im Ort oder der Zeit geirrt?« »Moses Mendelssohn?« Der Anführer der Bande grinste breit. »Dem habe ich letzte Woche einen Besuch abgestattet. Ich habe ein bisschen Tafelsilber, Schmuck und ein paar Bücher mitgehen lassen. Vor allem die Bücher sind sehr wertvoll. Wenn ich die verhökert habe, können wir alle«, er deutete auf die umstehenden Männer, Frauen und Kinder, »wieder einige Wochen gut leben.«

Juri zupfte sich sein T-Shirt zurecht, nachdem ihn dieser freche Kerl endlich losgelassen hatte: »Ihr habt alle hebräische Namen. Seid ihr etwa Juden?«

»Richtig geraten, Bürschchen.« »Und warum lebt ihr hier im Wald?« »Tja, das ist ganz einfach. Wir dürfen nicht in Berlin oder anderen benachbarten Städten wohnen. Um dort eine Wohnerlaubnis zu bekommen, muss man ganz schön viel Geld auf den Tisch legen. Und ratet mal: Das haben wir nicht. Die Städte wollen keine armen Juden haben. Also leben wir hier im Wald.« »Und von dem Gesetz des Moses, das besagt, dass man nicht klauen darf, habt ihr noch nie was gehört, häh?« In dem Moment, als Juri die Frage ausgesprochen hatte, bereute er sie auch schon wieder, denn Abraham sah ihn finster an und pfiff verächtlich durch seine Zahnlücke: »Klar, der gute Moses hatte leicht reden, der musste nur mit seinem Stock schlagen und schon versorgte ihn Gott mit allem, was er brauchte. Und die feinen Herren Gelehrten und Rabbiner werden von den Gemeinden bezahlt. Wir, die jüdischen Räuber, müssen kämpfen, um zu überleben. Seht mal, meine Kinder laufen barfuß.« Lilli schaute Abraham skeptisch an: »Warum kümmert sich die jüdische Gemeinde nicht um euch?« »Wir gehören zu keiner Gemeinde. Wenn wir durch einen Ort kommen, in dem Juden leben, dann versorgen die uns, wenn wir Glück haben, mit ein wenig Brot und Suppe. Aber das war's

dann auch. Die feinen Herrschaften wollen wie die Gojim, die Nichtjuden, nichts mit uns zu tun haben. Und viele von ihnen halten die jüdischen Gesetze auch nicht besser ein als wir. Ich zum Beispiel versuche – wenn auch nicht immer mit Erfolg – am Samstag und den hohen jüdischen Feiertagen nicht zu stehlen.«

Es begann zu regnen, und die Räuber bemühten sich, mit Zunder und Kienspänen ein Feuer zu machen, aber es wollte nicht recht klappen, weil alles feucht war. Lilli fröstelte. »Waren alle Juden so arm?«, fragte sie leise den alten Mann. »Nun, viele von ihnen schon. Im 18. Jahrhundert war es sehr schwer für Juden, einen guten Beruf zu finden. Sie durften zum Beispiel nicht Bauern werden, kein Handwerk ausüben und studieren durften sie auch nicht. Diese Bande hier ist sicher ein extremer Fall. Viele Juden arbeiteten sehr hart, um ihre Familie zu ernähren. Die Männer reisten monatelang von einem Dorf zum nächsten, kauften alte Kleider und Gegenstände auf und verkauften sie wieder. Man nannte sie Trödler. Ihr könnt euch vorstellen, dass es sehr schwer war für diese Händler, so lange fern von ihren Familie zu sein. Außerdem wurden sie häufig von den Bauern weggejagt und beschimpft. Das war eine schlimme Zeit.« Der alte Mann starrte auf den Boden.

In der Zwischenzeit war es dunkel geworden. Endlich war es den Räubern gelungen, ein Feuer zu entfachen. Einer der Männer packte eine Flöte aus und begann zu spielen. Nach einer Weile erfüllten Musik und Gesang die Hütte. Einige Männer und Frauen tanzten ausgelassen. Lilli betrachtete sie und empfand auf einmal Mitgefühl, obwohl diese Leute sie bestohlen hatten, worüber sie immer noch mächtig sauer war. Plötzlich hatte Lilli eine Idee und sie erhob sich. »Abraham, kannst du uns das Buch, das du von Moses Mendelssohn geklaut hast, zeigen?«, fragte sie. »Aber sicher«, er legte die alte Geige, auf der er gespielt hatte, zur Seite, »ich zeige meine wertvollsten Eroberungen immer gerne!« Juri, Jakob und der alte Mann warfen sich vielsagende Blicke zu, sie verstanden sofort, was Lilli vorhatte. Die vier stellten sich in eine Reihe und warteten, bis Abraham das Buch aus einer alten Holzkiste hervorgekramt hatte. Stolz legte der Räuberhauptmann das Buch auf den Tisch und schlug es auf. Hastig pochte der Alte dreimal auf den staubigen Boden der Hütte. Die vier sprangen in das Buch und waren verschwunden.

BERUFE

Über viele Jahrhunderte durften Juden in der Diaspora, also außerhalb des Heiligen Landes, nur bestimmte Berufe ausüben. Es gab in den jüdischen Gemeinden einen Rabbiner, meistens auch einen jüdischen Metzger, einen Bäcker, einen Lehrer, oft auch eine Hebamme. In die Zünfte, das heißt Vereinigungen, der christlichen Handwerker aber wurden Juden nicht aufgenommen. Viele Berufe, also zum Beispiel Zimmermann, Glaser oder Schmied, durften Juden gar nicht oder nur unter sehr schwierigen Bedingungen lernen. Auch Bauern konnten sie nicht sein, weil es ihnen in vielen Ländern verboten war, Land zu besitzen.

Zahlreiche jüdische Familien in Deutschland lebten deshalb bis ins 19. Jahrhundert in sehr ärmlichen Verhältnissen. Einige wenige wurden erfolgreiche Kaufleute, Geldverleiher und Bankiers. Viele aber mussten ihr Geld sehr mühsam mit Vieh- oder Trödelhandel verdienen. Um die Mitte des 19. Jahrhunderts verbesserte sich die Situation langsam. Juden durften nun Berufe ausüben, die ihnen bislang verboten waren. Außerdem erlaubte man ihnen, auch die Universitäten zu besuchen. Vielen Juden gelang es nun, für sich und ihre Kinder ein besseres Leben aufzubauen.

Warum war Moses Mendelssohn traurig über seine Kinder?

Als Lilli die Augen öffnete und sich umsah, war sie heilfroh, dass sie sich nicht mehr in der modrigen, kalten Holzhütte befanden. »Du bist schlauer, als ich dachte.« Jakob klopfte seiner Schwester auf die Schulter und grinste breit. »Pass bloß auf!«, gab diese zurück, »wir wollten schließlich zu Moses Mendelssohn, und hier sind wir! Und wem habt ihr das zu verdanken?« »Ja, ja, du bist die Allerschlauste, aber unseren Schmuck sind wir für immer los«, erwiderte Jakob.

Die Kinder und der alte Mann befanden sich in einem gut beheizten, schönen hellen Raum mit Bücherregalen an den Wänden. In der Mitte des Raumes stand ein Tisch, auf dem mehrere in Leder gebundene Bücher lagen. In der Ecke des Raumes befand sich ein kleines Holztischchen mit einem Schachbrett, und an der Wand hingen gerahmte Landschaftsbilder. »Die Wohnung sieht ein bisschen aus wie die von unserer Uroma Lotti«, murmelte Lilli und strich mit der Hand über den feinen Bezug des Lehnstuhles. Plötzlich öffnete sich die Tür und zwei Männer betraten den Raum. Sie hatten ihre Haare zu seltsamen Locken gedreht, und obwohl sie nicht mehr jung waren, trugen sie einen Zopf. Außerdem gingen ihnen ihre Hosen nur bis knapp unter die Knie. Den Rest des Beines bedeckten weiße Strümpfe, und an den Schuhen prangten große Schnallen. Der eine der beiden Männer hielt sich etwas gebückt. Er hatte dunkles Haar. Verdutzt blieben die Männer stehen, als sie die Kinder und den alten Mann erblickten. »Was macht ihr denn hier?« Der leicht gebückte und kleinere der beiden Männer, Moses Mendelssohn, blickte böse drein: »Erst letzte Woche hatte ich hier Einbrecher, die mir wertvolle Bücher gestohlen haben.« Er wandte sich an den anderen: »Können Sie das glauben, Herr Lessing? An unserem Neujahrsfest Rosch ha-Schana, ausgerechnet! Ich kann mich in meinem eigenen Haus nicht mehr sicher fühlen.«

»Wie, Neujahr? Haben wir etwa Sylvester verpasst. Schade! Das hätte ich gerne gesehen«, sagte Jakob an den Alten gewandt. Der dunkelhaarige Mann hörte Jakobs Bemerkung und sah ihn an:

MOSES MENDELSSOHN

Moses Mendelssohn wurde im Jahre 1729 in Dessau geboren. Sein Vater war Torarollenschreiber und ein sehr frommer Mann. Moses' Familie hatte nicht viel Geld, aber als der Dessauer Rabbiner David Fränkel nach Berlin berufen wurde, beschloss der damals 14-jährige Moses, ihm zu folgen. Moses wurde einer der besten Schüler Fränkels. Er brachte sich selbst Deutsch und Griechisch, aber auch Mathematik und Philosophie bei.

Moses Mendelssohn gründete die erste jüdische Zeitschrift in Deutschland und übersetzte die Bibel ins Deutsche. Seine Übersetzung war seltsam. Die Buchstaben waren hebräisch, aber die Wörter waren deutsch. Durch die Lektüre dieser Bibel sollten die Juden, die nur hebräische Buchstaben lesen konnten, Deutsch lernen. Mendelssohn und seine Anhänger gründeten eine Bewegung, die Haskala, jüdische Aufklärung, hieß und die viele jüdische Traditionen in Frage stellte.

MOSES MENDELSSOHN UND GOTTHOLD EPHRAIM LESSING

Als Moses Mendelssohn nach Berlin kam, lernte er nach und nach viele wichtige Gelehrte kennen. Er wurde häufig ins Haus eines reichen jüdischen Kaufmannes, Aaron Salomon Gumpertz, eingeladen. Mit einem Berliner Schriftsteller, Gotthold Ephraim Lessing, schloss Mendelssohn besondere Freundschaft. Die beiden unterhielten sich über ihre unterschiedlichen Religionen, das Christentum und das Judentum, und darüber, wie die Juden ein gleichberechtigter Teil der Gesellschaft werden könnten. Lessing fand es unerträglich, dass die Juden immer wieder benachteiligt und schlecht behandelt wurden. Aber er war auch der Meinung, dass die Juden einige Besonderheiten, die sie von den übrigen Deutschen unterschieden, ablegen mussten.

Gotthold Ephraim Lessing hat einige sehr berühmte Dramen geschrieben, die bis heute in den Theatern aufgeführt werden und die immer noch in der Schule als Lektüre gelesen werden. Sein wichtigstes Stück ist »Nathan der Weise«, in dem es um die Gleichberechtigung der Religionen geht.

»Das hier ist ein jüdisches Haus. Wir feiern unsere Feste nach dem jüdischen Kalender. Und die richten sich nach den Jahreszeiten im Land Israel. Unser Jahr beginnt im Herbst, nicht wie im christlichen Kalender mitten im bitterkalten Winter. Zehn Tage nach unserem Neujahrsfest Rosch ha-Schana ist der Versöhnungstag Jom Kippur. Das ist unser höchster Feiertag.« »Ist das wie mit Pessach? Feiern alle Juden das Neujahrsfest und diesen anderen Tag, von dem Sie gerade gesprochen haben?« »Jom Kippur«, wiederholte Moses Mendelssohn ungeduldig, »ich sagte: Jom Kippur. Aber du hast Recht. Wir sind hier in Berlin, und wir leben im 18. Jahrhundert. Unser Kalender passt jedoch immer noch zu

ROSCH HA-SCHANA

Rosch ha-Schana ist Hebräisch und heißt wörtlich übersetzt Kopf beziehungsweise Anfang des Jahres. Das jüdische Neujahrsfest dauert zwei Tage und findet am ersten Tischri – das ist der Name eines Monats im jüdischen Kalender – statt. Der erste Tischri fällt in den September oder Oktober des christlichen Kalenders.

Anders als Sylvester und Neujahr, wie es in den meisten christlichen Ländern heute begangen wird – mit Böllern und Raketen, Sekt und einer Party –, ist Rosch ha-Schana ein religiöses Fest. Die Familie feiert zusammen und isst spezielle Speisen, zum Beispiel Apfel mit Honig, damit das kommende Jahr süß wird. Man isst auch die Kerne des Granatapfels und hofft, dass man bei Gott so viele Punkte sammelt, wie der Granatapfel Kerne hat.

Man soll am Neujahrsfest aber auch auf das vergangene Jahr zurückblicken. Damit man sich daran erinnert, dass man vor Gott Rechenschaft ablegen muss über die Sünden, die man begangen hat, ertönt an diesem Tag das Schofar. Das Schofar ist das Horn eines Widder und wird seit Urzeiten als Musikinstrument benutzt. Es ist aber ziemlich schwer, durch dieses ausgehöhlte Horn zu blasen und dabei noch einen ordentlichen Ton herauszubringen. Deswegen gibt es in allen jüdischen Gemeinden einen oder mehrere Männer, die diese besondere Aufgabe übernehmen.

dem Kalender in Israel.« »Ja«, jetzt mischte sich der grauhaarige Mann namens Lessing in das Gespräch ein, »und das erklärt auch, warum es für euch so schwer ist, richtige Deutsche zu sein.« Mendelssohn sah ihn wie versteinert an, aber Lessing sprach weiter: »Ihr habt euren eigenen Kalender, ihr arbeitet nicht am Samstag wie alle anderen. Wegen eurer strengen Speisegesetze dürft ihr nicht mit Christen zusammen essen. Sie kennen mich, Mendelssohn, ich bin dafür, dass ihr Staatsbürger werdet wie alle anderen, aber so, wie es jetzt ist, wird es nie was damit. Ihr müsst eure Religion an uns Christen und an das moderne Leben anpassen.« Moses Mendelssohn sah Lessing immer noch unverwandt in die Augen. Er hatte einen bitteren Zug um den Mund: »Sie wissen, dass mich Ihre Worte kränken. Wir haben diese Diskussion schon so viele Male geführt. Lassen wir es für jetzt gut sein.« Er wandte sich wieder den Eindringlingen zu: »Also noch mal, was um alles in der Welt macht ihr hier?« Jakob ergriff wieder die Hand des alten Mannes und versteckte sich ein wenig hinter dessen Rücken.

Der Alte räusperte sich leise und sagte dann: »Bitte rufen Sie nicht die Polizei. Wir sind keine Einbrecher. Wirklich nicht!« »Nein, ganz im Gegenteil«, kam ihm Juri zu Hilfe, »wir wurden selbst überfallen und beraubt. Wir wollten Sie nur besuchen, Herr Mendelssohn. Und Ihnen einige Fragen stellen.« Moses Mendelssohn zupfte sich seine Weste zurecht und räusperte sich: »Nun, ich bin ein sehr beschäftigter Mann. Und außerdem steht der Versöhnungstag vor der Tür.« Juri sah Mendelssohn und Lessing herausfordernd an: »Sie sind beide Schachspieler, stimmt's? Und Schachspieler haben immer Zeit für eine spannende Partie. Ich spiele gegen Sie beide«, er machte eine kleine Pause, »und zwar mit verbundenen Augen.« Mendelssohn und Lessing sahen sich verblüfft an: »Blind? Das haben wir noch nie gehört. Wie soll das denn gehen?« Juri erklärte ihnen, dass sie ihm nur ihre jeweiligen Züge mitteilen müssten und er sich

JOM KIPPUR

Die ersten zehn Tage im jüdischen Jahr sollen Tage des Gedenkens sein. Alle Gläubigen sollen über ihr Leben nachdenken, bei denjenigen um Vergebung bitten, denen sie unrecht getan haben, und auch Gott um Verzeihung bitten. Der zehnte Tag ist Jom Kippur, der Versöhnungstag und höchste Feiertag im jüdischen Kalender. Aber Jom Kippur ist kein fröhlicher Feiertag. Fromme Juden haben sehr großen Respekt vor Jom Kippur, denn sie glauben, dass Gott an diesem Tag ihr Schicksal für das kommende Jahr festlegt. An diesem Tag wird weder getrunken noch gegessen. Die ganze Familie geht feierlich gekleidet in die Synagoge. Die Männer tragen ihren großen Gebetsmantel. Mädchen unter zwölf und Jungen unter dreizehn Jahren, aber auch Kranke müssen nicht fasten.

RÄTSEL

Moses Mendelssohns Bibelübersetzung war in hebräischen Buchstaben geschrieben. Die Wörter, die diese Buchstaben ergaben, waren aber deutsch. Am Ende unseres Buches findest Du ein hebräisches Alphabet, Alefbet genannt. Mit Hilfe des Alefbets kannst Du entschlüsseln, was der folgende Satz heißt:

די קינדראוני ראיזט אין
די וולט דס יודנטומס

das Brett im Kopf vorstelle, während Lessing und Mendelssohn wie gewohnt das Spiel verfolgen könnten. »Wenn ich gewinne«, fuhr er fort, »vergessen wir die Sache hier und Sie widmen uns eine halbe Stunde Ihrer kostbaren Zeit. Wenn ich verliere, können Sie immer noch die Polizei holen.« »Spinnst du völlig?«, flüsterte Lilli Juri ins Ohr. »Da hast du doch keine Chance!« »Keine Sorge, Lilli«, gab dieser zurück, »ich war in der Schachjugendmannschaft von Moskau.«

Das Spiel begann, und Lilli band Juri ihr Halstuch um die Augen. Lessing und Mendelssohn berieten jeden Zug ausführlich. Schon nach einigen wenigen Zügen war ihnen klar, dass Juri, obwohl er das Brett nicht sehen konnte, immer alle Positionen vor Augen zu haben schien. Nach etwa zwanzig Zügen standen den beiden Männern Schweißperlen auf der Stirn. Dieser Junge ruinierte mit verschlossenen Augen ihre Verteidigungsstrategie. Sie waren außer sich, mussten aber doch eingestehen, dass ihre Situation aussichtslos war: »Wir sind schachmatt. Du hast gewonnen!« Lilli nahm Juri das Tuch von den Augen und umarmte ihn. Vor Stolz und Freude wurde Juri ganz rot: »Das war keine so große Sache. Die beiden Herren hier spielen ziemlich altmodisch.« Mendelssohn und Lessing saßen missmutig auf ihren Stühlen. Da betrat eine Frau mit einer seltsamen Haube und einem Kleid, das bis zum Boden reichte, das Zimmer. Sie trug ein Tablett mit Teetassen, einer Kanne und einigen Keksen. Sie sah das Schachbrett und die Gesichter der beiden Männer und sagte zu Mendelssohn: »Der große jüdische Philosoph und der berühmte deutsche Schriftsteller werden von einem Jungen geschlagen. Na, Mosche, nimm's dir nicht so zu Her-

zen. Du warst auch ein sehr begabtes Kind, als du damals zu Fuß und ohne einen Groschen in der Tasche von Dessau nach Berlin gekommen bist.« Die Worte seiner Frau schienen Mendelssohn ein wenig zu versöhnen: »Gut, vergessen wir die Polizei. Ich habe genug Probleme mit meiner Familie. Wahrscheinlich war ich deshalb etwas unkonzentriert im Spiel.« Seine Frau schmunzelte und sah Juri an: »Um eine Ausrede ist er nie verlegen, wenn er verliert.« »Welche Probleme haben Sie denn?«, Lilli nahm sich einen der Kekse vom Tablett. Mendelssohn sah das Mädchen nachdenklich an: »Meine Kinder denken wie Herr Lessing.« Jetzt berichtete Mendelssohn von seiner Tochter Brendel, die behauptete, die jüdischen Gesetze seien altmodisch und nicht mehr zeitgemäß. »Dauernd liegt sie mir in den Ohren. Sie sagt, wenn wir unsere Gesetze nicht ändern, können wir nie richtige Deutsche werden.« Juri sah Mendelssohn betroffen an: »Aber sie isst doch bestimmt noch koscher und begleitet Sie in die Synagoge.« Moses Mendelssohn war nun völlig in sich zusammengesunken und schüttelte den Kopf: »Wenn sie in meinem Haus ist, dann hält sie sich an die jüdischen Gebote. Aber nur mir zuliebe. Sie will wie die Nichtjuden leben.« Lessing klatschte in die Hände: »Ja, was wollen Sie denn, Herr Mendelssohn? In Ihren Büchern haben Sie selbst dazu aufgerufen, dass Juden ihre Erziehung, Sprache, Berufe und Lebensart der deutschen Umgebung anpassen sollen. Die gute Brendel vollendet doch nur, was Sie begonnen haben.« Moses Mendelssohn fasste mit der Hand an seine Brust, als hätte Lessing ihm einen Dolchstoß verpasst. Er sagte gequält: »Ja, aber ich habe nie gesagt, dass wir unsere jüdischen Traditionen und Gesetze aufgeben sollen. Kann man uns nicht als Juden akzeptieren? Müssen wir alles Jüdische aufgeben, damit ihr uns als Menschen anerkennt? Dürfen wir erst dann wohnen, wo wir wollen, den Beruf wählen, der uns zusagt, und an den Universitäten studieren?« »Das sollte jeder Mensch dürfen. Das ist doch selbstverständlich«, sagte Lilli und sah Lessing böse an. Aber Mendelssohn starrte nur resigniert auf den Boden: »Nicht hier. Einige meiner besten Freunde rufen in Büchern und Zeitungsartikeln dazu auf, dass wir Juden uns völlig den Christen anpassen sollen. Manche

MENDELSSOHNS »JERUSALEM«

Moses Mendelssohns Buch »Jerusalem« erschien 1783. Es war sehr wichtig für die jüdische Aufklärung, die Haskala. In diesem Buch erklärte Mendelssohn, wie das Verhältnis zwischen Staat und Religion seiner Meinung nach aussehen sollte. Er forderte Gewissens- und Glaubensfreiheit: Juden sollten als gleichberechtigte deutsche Staatsbürger anerkannt werden und dabei Juden bleiben dürfen.

BRENDEL MENDELSSOHN

Moses Mendelssohns zweitälteste Tochter Brendel wurde 1763 in Berlin geboren. Als sie 14 Jahre alt war, heiratete sie den jüdischen Bankier Simon Veit. Simon und Brendel hatten vier Kinder.

Wie ihr Vater war auch Brendel mit vielen Künstlern und Gelehrten, jüdischen wie nichtjüdischen, befreundet. Im Salon von Henriette Herz lernte Brendel den Dichter Friedrich Schlegel kennen und verliebte sich in ihn. Brendel ließ sich daraufhin von Simon Veit scheiden und heiratete schließlich Schlegel. Sie brach aber nicht nur mit ihrem Ehemann Simon, sondern auch mit dem Judentum. Im Jahr 1804 ließ sie sich taufen und nannte sich von nun an Dorothea Schlegel.

Moses Mendelssohn war nicht mehr am Leben, als Brendel die Religion ihres Vaters und ihren Namen aufgab.

Zwei von Dorotheas und Simons Söhnen, Jonas und Philipp Veit, wurden bekannte Maler.

haben sich sogar taufen lassen und sind Christen geworden!« Er sah Lessing an und sagte bitter: »Als ich begonnen habe, meine Bücher zu veröffentlichen, habe ich das alles nicht gewollt. Ich befolge die jüdischen Gesetze, und trotzdem, Herr Lessing, sind wir gute Freunde!«

Er wandte sich an Juri: »Es tut mir leid, mein Junge. Du hattest ja einige Fragen, und ich rede und rede. Was wolltest du denn wissen?« Juri sah kurz zu Lilli und sagte dann: »Sie haben unsere Fragen schon größtenteils beantwortet. Wir wollten wissen, warum viele Juden im Lauf der Zeit ihre Gesetze nicht mehr so genau nahmen. Die Räuber, die wir im Wald getroffen haben, waren Juden. Sie haben uns erklärt, dass immer mehr Juden in Armut leben und zu keiner Gemeinde gehören. Das macht es schwer für sie, nach den jüdischen Traditionen zu leben. Durch Sie, Herr Mendelssohn, haben wir erfahren, dass auch viele wohlhabende Juden die Gesetze und Bräuche nicht mehr halten.« Mendelssohn nickte und wollte etwas sagen, aber Juri fuhr fort: »Es ist auch für meine Familie manchmal schwer. Wir wissen natürlich, dass man am Samstag nicht arbeiten darf. Ich spiele seit einigen Monaten im Fußballverein« – Mendelssohn hob fragend die

HENRIETTE HERZ

Henriette Herz wurde 1764 in Berlin geboren. Ihr Vater war ein bekannter Arzt. Im Alter von nur zwölf Jahren wurde das Mädchen mit dem Arzt und Schriftsteller Marcus Herz, der etliche Jahre älter war als sie, verlobt. Als Henriette 14 war, heirateten die beiden.

Henriette interessierte sich sehr für Literatur, Musik und Malerei und lud regelmäßig Freunde und Bekannte zu sich nach Hause, oder wie man damals sagte, in ihren Salon, ein.

In Henriettes Salon gingen die wichtigen Persönlichkeiten der Stadt – Politiker, Dichter, Künstler, Philosophen – ein und aus. Hier konnten sich Juden und Nichtjuden über Themen unterhalten, die ihnen wichtig waren. Viele Juden hatten in ihrem Salon zum ersten Mal die Gelegenheit, Nichtjuden zu begegnen, ohne dass ihr eigenes Judentum eine große Rolle spielte.

Wie Brendel Mendelssohn ließ sich auch Henriette Herz nach dem Tod ihres Mannes taufen.

Augenbrauen – »und das Training ist unter der Woche, aber die Spiele finden immer samstags statt. Streng genommen dürfte ich also nie dabei sein, wenn wir gegen einen Gegner auf den Platz ziehen.« Jakob sah Juri mitleidig an. »Wir halten uns also an manche Gesetze und an andere nicht. Aber wir wissen, dass wir Juden sind. Das scheint die Christen nicht zu stören.« »Genau«, sagten Jakob und Lilli gleichzeitig. Und Lilli fügte hinzu: »Ganz im Gegenteil. Wir lernen dauernd etwas Neues.«

Lilli sah sich um. Der alte Mann war im Ohrensessel eingenickt. »Er hält schon wieder ein kleines Schläfchen«, seufzte Lilli. »Hat er keinen Namen?«, fragte Lessing und nippte an seiner Teetasse. Jakob zuckte die Schultern: »Nee, er verrät ihn uns nicht.« Der Alte öffnete die Augen und gähnte verstohlen. Dann winkte er die Kinder herbei: »Ich glaube, es ist Zeit aufzubrechen. Und leider werden wir Moses Mendelssohn bei seinen Problemen nicht helfen können.« Er umarmte die Kinder und schlug mit seinem Stock auf den Boden. Die vier sprangen in ein aufgeschlagenes Buch und landeten im Handumdrehen in dem kleinen Antiquariat im Scheunenviertel. Die rote Katze des Buchhändlers, die auf einer flauschigen Decke auf der Heizung geschlafen hatte, erschrak so sehr, als die vier wie aus dem Nichts plötzlich wieder in dem kleinen Hinterzimmer auftauchten, dass sie fauchte und mit aufgestellten Nackenhaaren zur Tür hinaussauste. Der Alte verabschiedete sich noch rasch von dem Buchhändler und vertröstete ihn auf seinen nächsten Besuch, bei dem er sicher wieder etwas zu kaufen finden würde.

Das Glöckchen am Eingang klingelte, als die Tür des Buchladens hinter den vieren zufiel. Langsam und ohne ein Wort zu sagen gingen sie Richtung U-Bahn-Station. Als sie an der Moses-Mendelssohn-Schule vorbeikamen, sagte der alte Mann: »Der arme Mosche. Das hat er nicht verdient. Er musste mit ansehen, wie seine Kinder an Jom Kippur aßen und tranken und wie sie zu Pessach Brot und Kuchen zu sich nahmen.« »Oh, oh, Brot an Pessach! Ich weiß, dass das Gesetz des Moses das verbietet.

Aber was ist so schlimm daran, an Jom Kippur zu essen und zu trinken?«, fragte Jakob. Der Alte schüttelte nur den Kopf, und Juri erklärte: »Das Fasten am Versöhnungstag ist ein Gebot Gottes. Am zehnten Tag nach Neujahr sollen die Juden weder essen noch trinken und zwar vierundzwanzig Stunden lang.« »Echt?« Jakob riss entsetzt die Augen auf. »Kein Schluck Wasser? Nichts? Aber warum denn?« »Das alles machen wir Juden, damit Gott uns unsere Sünden verzeiht.« »Das ist aber praktisch. Man kann das ganze Jahr sündigen, und dann fastet man halt mal einen Tag, und alles ist vergessen«, warf Lilli ein. »Ganz so leicht ist es auch wieder nicht«, sagte der Alte. »Wenn man einem Mitmenschen Unrecht getan hat, muss man zu ihm hingehen und um Verzeihung bitten. Dafür ist Gott nicht zuständig.« »Das klingt nicht so kompliziert«, sagte Jakob. Der alte Mann sah ihn an: »Früher wurden im Jerusalemer Tempel zu Jom Kippur besondere Opfer dargebracht. Heute betet man den ganzen Tag und bittet Gott, dass er einem die Sünden erlässt, die man begangen hat. Sogar die Juden, die nicht alle Gesetze halten, also die meisten Juden heutzutage, sogar die, die gar nicht sicher sind, ob es Gott gibt, feiern Jom Kippur. Er ist und bleibt der wichtigste jüdische Feiertag. Versteht ihr jetzt? Als Mendelssohns Kinder aufgehört haben, an Jom Kippur zu fasten, war das der radikalste Bruch mit der Religion ihres Vaters, den man sich vorstellen kann. Das war ein schwerer Schlag für Mosche.«

Es dämmerte. »Ich will euch noch etwas zeigen«, sagte der Alte. Neben der Schule war ein kleiner Park. Kinder spielten hier, einige Leute führten ihre Hunde spazieren. Der alte Mann ging auf eine Mauer zu und deutete auf einen großen Stein. Jakob las laut: »Moses Mendelssohn, geboren 1729, gestorben 1786.« Auf dem Grab waren keine Blumen oder Kerzen, aber auf dem Grabstein lagen viele kleinere und größere Steine. »Moses Mendelssohn liegt also hier begraben«, stellte Lilli fest. »Wofür sind denn die Steine?« Juri trat neben sie ans Grab und sagte: »Wenn Juden einen Friedhof besuchen, bringen sie keine Blumen mit wie die Christen, sondern Steine.« »Friedhof?«, wunderte sich Lilli, »ich sehe gar keine anderen Gräber. Nur Spaziergänger und spielende Kinder. Wenn das ein Friedhof ist, müssen doch noch mehr Menschen hier beerdigt sein. Wo sind sie?« Die Augen des alten Mannes füllten sich mit Tränen. »Habe ich was Falsches gesagt?«, fragte Lilli erschrocken. Der Alte wischte sich die Augen: »Nein, mein Kind. Es ist nichts. Die Geschichte dieses Friedhofs ist mit dem dunkelsten Kapitel in der Geschichte der Juden und vielleicht der ganzen Menschheit verbunden. Das ist alles noch gar nicht so lange her. Man hat viele, viele Bücher über dieses Kapitel geschrieben, aber ihr seid zu jung, um in diesen Büchern zu reisen. Geht nach Hause und lasst mich eine Weile hier allein sitzen. Wir sehen uns nächste Woche wieder, ja?« Der Alte verzog sein Gesicht zu einem etwas missglückten Lächeln und setzte sich auf eine Bank.

SIEBTES BUCH

Anne Frank Tagebuch

Warum schweigen Erwachsene manchmal so betreten, wenn es um die Geschichte der Juden geht?

Lilli und Jakob nahmen die U-Bahn. Es dämmerte schon, als sie die Wohnung erreichten. Die Eltern saßen am Tisch und nahmen sie ungeduldig in Empfang: »Da seid ihr ja endlich!« Lilli und Jakob setzten sich auf ihre Plätze. Lilli stocherte lustlos auf ihrem Teller herum, und auch Jakob war ungewöhnlich schweigsam. »Was ist denn mit euch los? Seid ihr krank?«, wunderte sich die Mutter nach einer Weile. Lilli starrte immer noch auf ihren Teller, dann sagte sie: »Wir waren heute auf einem jüdischen Friedhof in Berlin-Mitte.« »Auf einem Friedhof? Ich dachte, ihr wart im Museum? Streunt ihr jetzt durch die ganze Stadt? Das finde ich überhaupt nicht gut.« Aber Lilli ging gar nicht auf die

Worte der Mutter ein, sondern fragte: »Was ist eigentlich so Schreckliches mit den Juden passiert?« Bedächtig begann die Mutter den Tisch abzuräumen. Der Vater legte die Stirn in Falten und überlegte: »Hm«. »Ja, sagt doch mal, was war da?«, setzte Jakob noch einmal nach. Der Vater kratzte sich am Kopf: »Das ist schwierig. Es gibt Sachen, mit denen man sich vielleicht erst als Erwachsener beschäftigen sollte. Und selbst wenn man erwachsen ist, ist es schwer zu verstehen.« »Aber was sind denn das für Sachen? Und was haben die Juden damit zu tun?«, fragte Lilli. Die Mutter räusperte sich: »Es hat auch mit uns zu tun. Mit unseren Eltern und Großeltern.« »Mit Uromi, Oma und Opa?« Jakob sah seine Mutter groß an. »Jakob, ihr geht jetzt besser schlafen. Es ist spät. Wir reden ein andermal darüber, ja? Versprochen.« Die Mutter schob ihn Richtung Kinderzimmer. Jakob quengelte weiter: »Ach bitte, erzählt doch. Wir wollen das jetzt wissen.« Aber die Eltern ließen sich nicht erweichen: »Nein, heute nicht mehr. Keine Widerrede, ab ins Bett!«

Als Lilli und Jakob am nächsten Tag aus der Schule kamen, waren ihre Eltern noch arbeiten. Lilli nahm ihren Schlüssel aus der Schultasche und schloss die Tür auf: »Ich mache uns erst mal ein Brot, ja?« Sie ging in die Küche zum Kühlschrank. Auf dem Tisch lag ein Buch. Lilli nahm es in die Hand und betrachtete es: »Das Tagebuch der Anne Frank« las sie auf dem Umschlag. Sie setzte sich auf den Küchenstuhl und begann zu lesen. »Und was ist mit mir?«, fragte Jakob, »du wolltest uns doch was zu essen machen?« »Du siehst doch, dass ich lese. Hol dir bitte selbst was aus dem Kühlschrank und schau ein bisschen fern«, murmelte Lilli und blätterte in dem Buch. Erstaunlicherweise zog

Jakob schnell ab: »Ich muss bis morgen eine ganze Geschichte in unserem Lesebuch lesen!«, stöhnte er beim Hinausgehen. Aber Lilli hörte ihn schon nicht mehr, so vertieft war sie in das Buch.

In dieser Woche zog sich Lilli oft in ihr Zimmer zurück. Einmal klopfte die Mutter vorsichtig an die Tür: »Darf ich reinkommen?« Lilli lag auf ihrem Bett und las. Die Mutter setzte sich zu ihr: »Ach, du hast das Buch! Ich habe es noch am Sonntagabend herausgesucht, nachdem ihr von diesem Friedhof gekommen seid. Ich habe mich schon gewundert, wo es abgeblieben ist.« Irgendwie wollte Lilli jetzt nicht mit ihrer Mutter über das Buch sprechen, sie wollte viel lieber allein sein und weiterlesen: »Mama, Jakob und ich gehen am Sonntag wieder ins Museum. Dort ist ein alter Mann, der uns die Geschichte der Juden erzählt.« Die Mutter schien erleichtert zu sein, sie stand auf und nickte. »Gut«, sagte sie und überließ Lilli wieder ihrer Lektüre.

Warum musste Anne Frank mucksmäuschenstill sein?

Am folgenden Sonntag trafen Lilli und Jakob Juri wie gewohnt vor dem Museum. Mittlerweile kannten sie sich in dem verwinkelten Gebäude ganz gut aus und hatten auch den alten Mann rasch gefunden. Zur Erleichterung der Kinder sah dieser wieder ganz vergnügt aus, ja er strahlte richtig: »Ich will euch heute zeigen, wie die Juden nach fast zweitausend Jahren zurück in ihr Land gekommen sind.« »Ja, toll«, sagte Jakob, »ich fand unsere Israel-Reise echt super.« Lilli vergrub ihre Hände in den Taschen ihrer Jacke. Sie druckste ein wenig herum: »Können

wir nicht vielleicht in das Tagebuch der Anne Frank springen?« »Anne Frank? Wer ist das?«, rief Jakob. Lilli zog das Buch aus ihrem Rucksack und hielt es dem alten Mann hin. Der strich sich nachdenklich über den Bart: »Du hast das Buch also ganz alleine gefunden. Bist du sicher, dass du in dieses Buch springen möchtest? Diese Reise wird nicht leicht.« »Ja, ich bin mir sicher. Ich möchte Anne kennenlernen.« Lilli öffnete das Buch. Der alte Mann umarmte die Kinder und sofort schossen Buchstaben um sie herum. Jakob hielt sich die Ohren zu, so laut war es. Schreckliche Schreie waren zu hören, als wenn Tausende, ja Millionen Menschen auf einmal verzweifelt um Hilfe rufen würden. Dann ordneten sich die schwarzen Buchstaben zu hohen Türmen und Mauern. Einige Buchstaben verschwammen, wurden immer schwächer und sahen schließlich aus wie Rauch, der sich langsam in Luft auflöste. Plötzlich wurde es still: Die vier standen auf einer steilen Treppe in einem schmalen, dunklen Treppenhaus. Am oberen Ende sahen sie eine Tür. »Wo sind wir denn? Dieses Treppenhaus ist ja verschlossen«, sagte Jakob laut. »Pssst!«, zischte Juri, »leise, hier verstecken sich zwei jüdische Familien.« Lilli sah ihn an. »Du hast also auch das Buch gelesen!« Juri antwortete ihr nicht, sondern wandte sich an Jakob: »Wir sind in Amsterdam während des Zweiten Weltkrieges.« Jetzt flüsterte auch Jakob: »Aber wovor verstecken sie sich?« Seine Schwester warf ihm einen genervten Blick zu: »Sie verstecken sich vor den Deutschen.« »Vor den Deutschen?« Jakob sah sie an. Der alte Mann legte seine Hand auf Jakobs Schulter und erklärte, dass Deutschland im Zweiten Weltkrieg fast ganz Europa erobert hatte. Auch Amsterdam und Holland. Und an jedem Ort, an den

deutsche Soldaten kamen, wurden die Juden, die dort lebten, zusammengetrieben. Sie mussten einen gelben Stern an der Kleidung tragen, und schließlich wurden sie in Lager gebracht. »Und was passierte in diesen Lagern?«, fragte Jakob. Der Alte setzte sich auf eine Stufe und antwortete nicht. Juri setzte sich neben ihn: »Dort wurden die meisten sofort mit Giftgas umgebracht oder erschossen. Die anderen mussten hart arbeiten, bis sie starben. Viele sind verhungert, viele starben an Krankheiten. Auch einige der Geschwister meiner Urgroßeltern sind in solchen Lagern ermordet worden.« Jakob sah ihn entsetzt an und sagte: »Aber warum? Wie konnte man so grausam sein?« Bevor Juri antworten konnte, öffnete sich die Tür am oberen Ende der Treppe einen winzigen Spalt. Die vier sahen das Gesicht eines Mannes. Er sah erschrocken aus: »Schnell, kommt hier herein«, er winkte sie nach oben. Die Treppe knarzte unter ihren Schritten und der Mann im Türrahmen sah nun noch ängstlicher aus: »Leise! Bitte seid leise!«

Die vier Besucher aus Berlin sahen sich um. In einem winzigen Raum saßen insgesamt acht Personen. Fünf Erwachsene und drei Jugendliche. Die Menschen in dieser kleinen Wohnung, die nicht viel größer war als eine Abstellkammer, sahen die Eindringlinge furchtsam an. Lilli wunderte sich, warum diese Leute so reglos auf ihren Betten lagen oder bewegungslos auf ihren Stühlen saßen. Waren sie erstarrt vor Schreck? »Setzt euch zu Anne und Peter aufs Bett und bewegt euch nicht«, wisperte der Mann, der sie nach oben gewunken hatte, und deutete in Richtung eines Mädchens und eines Jungen, die etwa so alt waren wie Lilli und Juri. »Die Angestellten unten in den Büros wissen nicht, dass wir uns hier verstecken. In vier Stunden verlassen sie das Büro, und dann können wir uns bewegen und uns unterhalten. Aber bis dahin muss hier totale Ruhe herrschen. Sonst bringt ihr uns alle in Gefahr.«

Die vier Stunden schienen ewig zu dauern. Jakob saß bei Peter auf dem Bett und sah sich um, aber bald konnte er nichts Neues mehr entdecken. So groß war der Raum schließlich nicht. Nach einiger Zeit schlief sein Fuß ein. Das Kribbeln in den Zehen wurde unerträglich. Er wäre so gerne aufgestanden, aber die Worte des Mannes hatten ihn zu sehr eingeschüchtert. Nie zuvor in ihrem Leben hatten Lilli, Jakob und Juri so lange stillsitzen müssen. Lilli wollte ein wenig die Augen schließen und dösen, aber die Angst, die in diesem Raum so spürbar war, hielt sie wach. Jedes Niesen, jede unüberlegte Bewegung konnte fürchterliche Folgen haben. Wie hellhörig das Gebäude war, merkte Lilli daran, dass sie die Stimmen und Schritte der Angestellten in

ANNE FRANK UND IHRE FAMILIE

Anne Frank wurde 1929 in Frankfurt am Main geboren. Ihr Vater Otto Frank hatte als Offizier im Ersten Weltkrieg gekämpft und arbeitete als Unternehmer.

Schon in den ersten Wochen und Monaten, nachdem die Nationalsozialisten im Januar 1933 in Deutschland an die Macht gekommen waren, wurde die Situation für die Franks und alle anderen jüdischen Familien bedrohlich. Juden wurden auf der Straße beschimpft, viele verloren ihre Arbeit, vor jüdischen Geschäften brachten die Nazis Schilder an, die die Kunden davon abhalten sollten, dort einzukaufen.

Otto Frank und seine Frau Edith mussten erkennen, dass sie und ihre Kinder in Deutschland keine Heimat mehr hatten. Sie beschlossen, Frankfurt zu verlassen.

Von 1934 an lebten Otto, Edith, Anne und ihre Schwester Margot in Amsterdam. Otto eröffnete dort wieder ein Geschäft, und die beiden Schwestern besuchten die Schule. Doch auch in den Niederlanden wurden die Franks von den Nationalsozialisten eingeholt. Nach Beginn des Zweiten Weltkriegs besetzten die Deutschen das Land. Die deutschen Juden, die hier Zuflucht gesucht hatten, aber auch die holländischen Juden waren nun in großer Gefahr. Der Familie Frank und vielen anderen blieb nur eine Wahl: sich zu verstecken.

Anne und ihre Familie fanden Zuflucht im Hinterhaus eines Amsterdamer Bürogebäudes. Zusammen mit einer weiteren Familie und einem Freund wurden sie von nichtjüdischen Bekannten mit Lebensmitteln versorgt. Zwei Jahre lebten die Franks in dem winzigen Versteck in der Prinsengracht 263. Im August 1944 aber erschienen Beamte der Polizei in dem Bürohaus und nahmen die Versteckten fest – die Franks und ihre Freunde waren verraten worden.

Anne Frank und ihre Familie wurden in Konzentrationslager gebracht. Im März 1945, kurz vor Kriegsende, starben Margot und Anne Frank im Konzentrationslager Bergen-Belsen. Otto Frank überlebte als Einziger seiner Familie den Holocaust. Nach dem Krieg wurde Annes Tagebuch, das sie während der Jahre im Versteck geführt hatte, in der Prinsengracht 263 gefunden. Otto Frank veröffentlichte es 1947.

den Büros unter ihnen gut hören konnte. Draußen vor dem Haus schien das alltägliche Leben seinen Gang zu nehmen: Autos fuhren vorbei, die Straßenbahn ratterte, eine Kirchenglocke läutete.

Als es zu dämmern begann, stand der Mann, der wohl Annes Vater war, auf und sagte: »Jetzt können wir sprechen, ihr dürft auch aufstehen.« Jakob streckte sich ausgiebig, endlich konnte er seine vielen Fragen stellen. Doch die Anwesenden erhoben sich und verschwanden erst einmal, einer nach dem anderen. Klar, dachte Jakob, sie dürfen während der

Bürozeiten ja auch nicht auf die Toilette. Die beiden erwachsenen Frauen, Frau Frank und Frau van Daan, wie sich bald herausstellte, sahen Jakob, Juri, Lilli und den Alten misstrauisch an. Herr Frank wandte sich an den alten Mann: »Wie kommt ihr hierher? Wer hat euch das Versteck gezeigt?« Juri wollte gerade antworten, da sagte Frau Frank mit schriller Stimme: »Otto, so geht das nicht mehr weiter. Wir haben einfach keinen Platz für noch mehr Menschen. Das Essen reicht ja kaum für uns.« Jakob sah Frau Frank an: »Wer bringt euch Essen?« Das ältere der beiden Mädchen stand an einem Waschbecken und schälte Kartoffeln: »Vier ehemalige Kollegen meines Vaters versorgen uns mit Nahrung. Manchmal bringen sie uns auch kleine Geschenke. Aber am wichtigsten: Sie erzählen uns, was in der Welt da draußen passiert.« »Sie sind gute und sehr mutige Menschen«, ergänzte Otto Frank. »Wenn die Deutschen erfahren, dass sie Juden helfen, dann werden sie wahrscheinlich hingerichtet. Außerdem ist Krieg, und Lebensmittel sind knapp. Aber das Wenige, was sie haben, teilen sie mit uns.« »Ich bin Anne«, sagte das Mädchen mit den schulterlangen dunklen Haaren und erhob sich vom Bett, »das ist meine Schwester Margot, die Fleißige macht sich schon wieder nützlich, und das da ist Peter.« Margot grinste: »Ja, ja, Peter ist übrigens Annes Freund.« Anne streckte ihrer Schwester die Zunge heraus, aber die ließ sich nicht

NATIONALSOZIALISMUS

Im Januar 1933 kam in Deutschland eine neue Partei an die Macht, die Nationalsozialistische Deutsche Arbeiterpartei (NSDAP). Ihr Vorsitzender Adolf Hitler, den seine begeisterten Gefolgsleute »Führer« nannten, wurde damit zum Reichskanzler.

Die nationalsozialistische Bewegung war erfüllt von einem extrem aggressiven Hass auf alles Jüdische oder alles, was sie für jüdisch hielt. So verbrannten die Nationalsozialisten Bücher von jüdischen Schriftstellern, und sie führten Gesetze ein, die die deutschen Juden nach und nach aus dem allgemeinen Leben ausschlossen. Jüdische Ärzte durften nur noch jüdische Patienten behandeln, jüdische Kinder mussten auf gesonderte Schulen gehen, viele jüdische Angestellte wurden von ihren Chefs einfach entlassen, junge Juden, die gerade mit der Schule fertig waren, fanden keinen Ausbildungsplatz. Bald durften Juden auch nicht mehr in öffentliche Schwimmbäder, Theater oder Kinos gehen, sie durften keine Radios, Autos oder Fahrräder besitzen, ihr Vermögen wurde enteignet. Am schlimmsten war oft jedoch das verletzende Verhalten von Nachbarn, Kollegen und Bekannten. Viele Deutsche waren Nazis und beschimpften und beleidigten Juden. In der Nacht vom 9. auf den 10. November 1938 steckten die Nationalsozialisten in ganz Deutschland Synagogen in Brand und zerstörten und plünderten jüdische Geschäfte. Viele Juden entschlossen sich, ihre Heimat zu verlassen. Einige gingen mit ihren Familien nach Palästina, andere in die USA oder in benachbarte europäische Länder.

beirren und fuhr fort: »Die beiden verbringen viele Stunden zusammen dort oben unter dem Dach.« Anne wurde rot. »Nur von dort kann man den Himmel sehen. Und die Dächer der Stadt«, sagte Peter leise. Lilli und Juri sahen sich an. »Und wenn sie nicht mit Peter auf dem Dachboden hockt, schreibt Anne in das Tagebuch, das mein Mann ihr zum Geburtstag geschenkt hat. Ich weiß nicht, ob das eine gute Idee war. Ihre Hausaufgaben leiden ziemlich darunter«, sagte Frau Frank. »Hausaufgaben? Geht ihr denn in die Schule?«, fragte Jakob zu Peter gewandt. »Nein, das können wir nicht. Unsere Eltern und Herr Dussel hier unterrichten uns, damit wir nicht so viel versäumen. Wenn der Krieg vorbei ist, müssen wir ja wieder in unsere Klassen«, erklärte Peter. »Bevor die Deutschen kamen, war ich Zahnarzt. Aber dann musste ich meine Praxis schließen.

Ich habe mein Haus verloren, meinen Beruf, meine Frau. Aber was ich im Kopf habe, das kann mir niemand nehmen. Und das kann ich an die Kinder weitergeben.« Herr Dussel lächelte müde, aber auch ein klein wenig stolz.

»Wir können diese Kinder und den alten Mann doch nicht da rausschicken, Papa«, sagte Anne. »Wir haben die Nachrichten gehört, wir wissen doch, was die deutschen Soldaten mit ihnen machen, wenn sie

sie erwischen.« Der alte Mann erhob zum ersten Mal, seit die vier in dem geheimen Versteck waren, die Stimme: »Frau Frank, Sie müssen sich keine Sorgen machen, wir bleiben nicht. Und du Anne, musst dich auch nicht sorgen, wir sind sehr vorsichtig, wenn wir gehen.« »Warte«, sagte Jakob, »warum tun die Deutschen euch das an?« Die Familie Frank, die van Daans und Herr Dussel schwiegen lange. Schließlich sagte Margot: »Ich weiß es nicht. Wir lebten in Frankfurt wie eine ganz normale deutsche Familie. Ich ging in die Schule, Anne in den Kindergarten. Wir hatten eine schöne große Wohnung. Und einige unserer besten Freunde waren deutsche Kinder, Nichtjuden. Aber dann kamen die Nationalsozialisten und Hitler an die Macht. Sie hassen uns Juden. Also sind wir nach Amsterdam geflohen.« Frau Frank fiel ihrer Tochter ins Wort: »Aber auch hier haben sie uns eingeholt, denn Hitler hat Holland erobert. Und jetzt müssen wir hier leben wie eingesperrte Tiere.« »Wie kann man so böse sein?« Juri ballte die Fäuste. Anne sah ihn an und lächelte: »Wir sind schon so lange in dieser Wohnung eingesperrt. Und wir wissen auch, dass man uns umbringen will, nur weil wir Juden sind. Aber trotz allem glaube ich immer noch, dass die Menschen tief in ihrem Herzen gut sind.«

Plötzlich kam Jakob eine Idee. Er zog an der Museumswärterweste des alten Mannes und flüsterte ihm ins Ohr: »Können wir die Franks, die van Daans und Herrn Dussel nicht einfach mitnehmen? Ich meine, wir könnten doch alle zusammen durch das Buch fliehen.« Der Alte schüttelte langsam, aber eindringlich den Kopf: »Nein Jakob, so einfach ist das nicht. Mit Büchern können wir in andere Zeiten und an entfernte Orte reisen. Wenn wir danach in unsere Welt zurückkehren, haben wir wertvolle Erfahrungen gesammelt und neues Wissen gewonnen. Aber auf das, was die Bücher beschreiben, haben wir keinen Einfluss. Wir können die Ge-

HOLOCAUST

Diejenigen Juden, die Deutschland nicht mehr rechtzeitig verlassen konnten, erwartete ein schreckliches Schicksal. Als die Nationalsozialisten im September 1939 das Nachbarland Polen angriffen, begann der Zweite Weltkrieg. Eine Auswanderung war damit nicht mehr möglich. Die deutschen Juden saßen in der Falle, denn sie hatten nun keine Möglichkeit mehr zu flüchten. Ebenso ging es Millionen europäischer Juden, die in den Ländern lebten, die in der Folgezeit von Deutschland überrannt und besetzt wurden: Polen, Belgien, die Niederlande, Frankreich, die Ukraine, Weißrussland und viele mehr.

Deutschland hatte nun die Macht über weite Teile der jüdischen Bevölkerung Europas, und die führenden Nationalsozialisten beschlossen, diese Gelegenheit zu nutzen, um die Juden ein für allemal zu »vernichten«. Dieses Wort benutzte man wirklich, und es zeigt, dass die Nationalsozialisten Juden nicht als Menschen betrachteten. Ihr Hass war so groß, dass sie in den jüdischen Männern, Frauen und Kindern, die ihnen hilflos ausgeliefert waren, nur noch etwas sahen, was getötet und beseitigt werden musste.

Das Wort Holocaust kommt aus dem Griechischen und heißt wörtlich »völlig verbrannt« und im übertragenen Sinn »Brandopfer«. Man verwendet es, um das zu beschreiben, was den Juden während des Zweiten Weltkriegs angetan wurde: Die Deutschen sperrten sie in Ghettos und Lager, ließen sie schwerste körperliche Arbeiten verrichten in Fabriken oder Steinbrüchen, erschossen sie oder ermordeten sie mit Hilfe von Gas. Etwa sechs Millionen Juden starben im Holocaust. Über eine Million davon waren Kinder.

HOLOCAUST-MAHNMAL

Es ist sehr schwer, mit der Erinnerung an den Holocaust zu leben. Diejenigen Juden, die die Konzentrationslager überlebten, trugen und tragen ihr ganzes Leben lang die entsetzlichen Erfahrungen und Erlebnisse aus dieser Zeit mit sich.

Auch in Deutschland war und ist die Auseinandersetzung mit dem Holocaust schwierig. Man muss damit leben, dass Deutsche dieses furchtbare Verbrechen begangen haben. Das ist manchmal ganz schön schwer. Aber es ist wichtig, dass man nicht vergisst, damit so etwas nicht noch einmal passieren kann. Erinnern kann man sich auf viele Arten: Man kann Bücher lesen, zum Beispiel das »Tagebuch der Anne Frank«, man kann in ehemalige Konzentrationslager fahren, nach Dachau oder Sachsenhausen, oder man kann sich das Berliner Holocaust-Mahnmal ansehen.

schichte nicht ändern.« Er umarmte Juri, Jakob und Lilli und schlug dreimal mit dem Stock auf den Boden. Die vier sprangen in Annes Tagebuch, das auf einem klapprigen Holztisch lag. Sie landeten aber nicht im Museum, sondern inmitten von riesigen steinernen Klötzen. Einige waren sehr hoch, andere waren niedrig. Neugierig liefen die Kinder kreuz und quer durch die Reihen der Klötze. Als sie schließlich mit dem alten Mann aus dem steinernen Feld heraustraten, konnten sie das Brandenburger Tor sehen. Sie waren also wieder in Berlin. Auf dem Weg zur U-Bahn fragte Jakob den alten Mann, was mit Anne und den anderen im Versteck später passierte. »Sie wurden von Holländern verraten und an die Deutschen ausgeliefert. Schließlich wurden sie alle umgebracht, nur Herr Frank, Annes Vater, überlebte. Nach dem Krieg kehrte er nach Amsterdam zurück. Seht ihr dieses Feld aus Betonstelen? Das ist ein Mahnmal, das an den Holocaust erinnert.« »Was bedeutet Holocaust?«, fragte Lilli. »So nennt man die Ermordung von sechs Millionen Juden während des Zweiten Weltkriegs. Mindestens eine Million davon waren Kinder und Babys«, erklärte der Alte. Juri, Jakob und Lilli gingen schweigend und nachdenklich neben dem Alten her. Lilli und Jakob wussten, dass ihre Urgroßeltern und Großeltern während der Zeit, in der Anne und ihre Familie im Versteck leben mussten und so viele Juden von Deutschen ermordet wurden, in Deutschland gelebt hatten. Und sie verstanden jetzt auch, warum der alte Mann auf dem Friedhof geweint hatte und warum es ihren Eltern so schwer gefallen war, über diese Sache zu sprechen.

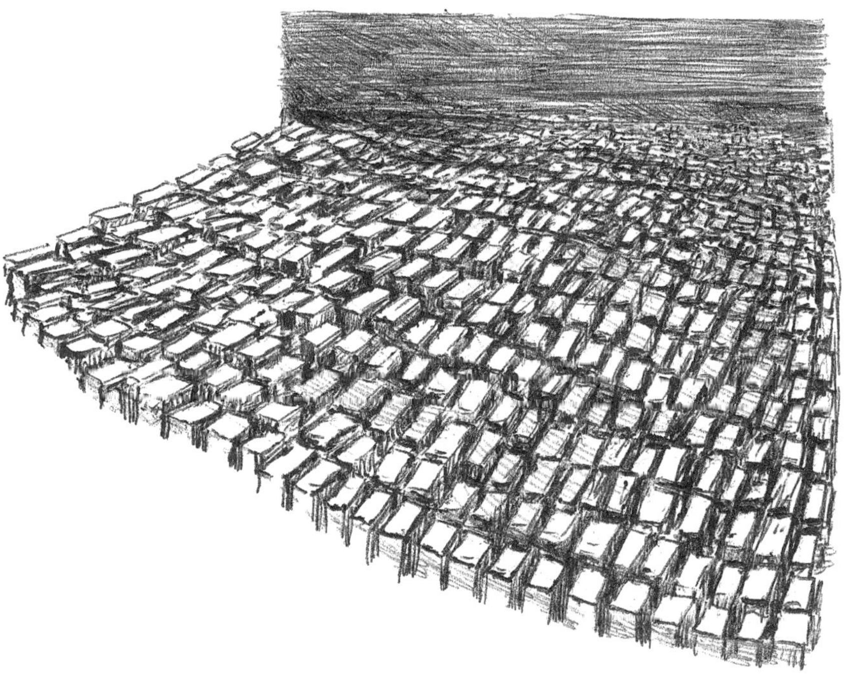

ACHTES BUCH

Theodor Herzl »Der Judenstaat«

Eine Woche später erwartete der alte Mann die drei Kinder schon am Eingang des Jüdischen Museums. Lilli und Jakob hatten ganz rote Gesichter, sie waren an diesem Morgen spät dran und hatten den Weg von der U-Bahn-Station zum Museum rennen müssen, um noch einigermaßen pünktlich zu kommen. Lilli wischte sich mit dem Handrücken über die Stirn: »Hallo«, rief sie dem alten Mann und Juri zu. »Ich habe noch so viele Fragen zu unserer letzten Reise. Ich habe die ganze Woche über unsere Begegnung mit Anne und ihrer Familie nachgedacht.« Der Alte klopfte ihr aufmunternd auf die Schulter: »Fragen sind gut. Man muss das richtige Buch finden, das sie beantwortet.« »Ich habe im Fernsehen schon einige Male Berichte über Israel gesehen«, sagte Lilli, »warum sind die Juden während des Zweiten Weltkriegs nicht einfach dorthin gegangen? Da wären sie doch in Sicherheit gewesen?« Jakob war immer noch ein wenig außer Atem: »Ja, und warum kämpfen die Leute in Israel heute gegen die Araber?« Der alte Mann nahm seine Museumswärterkappe vom Kopf, kratzte sich, machte aber keine Anstalten zu antworten. Da sagte Juri: »Den Staat Israel hat es noch gar nicht gegeben zu der Zeit, als sich Anne, Peter und die anderen in Amsterdam versteckt hielten. Außerdem«, wandte er sich in schulmeisterlichem Ton an Jakob, »kämpfen die Araber gegen die Israelis und nicht umgekehrt.« Jetzt brach der Alte sein Schweigen: »Juri, deine Antwort stimmt nur zum Teil.« Jakob machte Juri eine Nase. Aber der alte Mann fuhr fort: »Die Idee, ein Land für die Juden zu gründen, gab es schon vor dem Zweiten Weltkrieg und dem Holocaust. Und wer für die ewigen Kämpfe im Nahen Osten, die ihr fast jeden Tag in den Nachrichten sehen könnt, verantwortlich ist, ist schwer zu sagen.« Lilli legte Juri und ihrem Bruder mit großer Geste die Hand auf die Schulter und sagte zu dem alten Mann: »Ach, ich bin sicher, du findest ein Buch, das uns die Antworten auf unsere Fragen gibt.« Der Alte war ein bisschen gekränkt über Lillis leicht schnippische Bemerkung: »Wenn ihr lieber in die Cafeteria gehen möchtet, bitte, ich halte euch nicht auf.« »Sei nicht böse, das war doch nur ein kleiner Scherz«, sagte Lilli. Der Alte brummte etwas vor sich hin und forderte dann die Kinder auf, ihm zu folgen. Sie gingen an den Glaskästen mit der Tora-Rolle, der Pessach-Haggada, den Gebetbüchern und der »Geschichte der Juden« von Heinrich Graetz vorbei. An einer Wand standen auch einige Computer. Hier konnte man sich zeigen lassen, wie das Alltagsleben von Juden in aller Welt aussah. Juri setzte sich vor einen der Monitore und fragte den Alten: »Kennst

du einen Trick, wie wir in einen Computer springen können?« Der lachte nur: »Wahrscheinlich gibt es einen. Aber ich bin wohl zu alt für solche Sachen. Um ehrlich zu sein, ich habe fast ein bisschen Angst vor diesen Geräten.« »Na gut, bleiben wir bei den Büchern.«

Sie gingen einen Korridor entlang, an dessen Wänden wunderschöne Porträts hingen. Lilli blieb vor einem Gemälde stehen, das ein junges Mädchen zeigte. Die langen dunklen Locken fielen ihr über die Schulter und sie lächelte sympathisch. »Das ist Henriette Herz«, sagte der alte Mann. »Sie lebte etwa zur gleichen Zeit wie Moses Mendelssohn. Sie lud jede Woche allerlei Künstler, Philosophen und Schriftsteller in ihr Haus ein.« »Aha, ich schau morgen mal im Internet nach, was ich über sie herausfinde«, sagte Lilli, aber der Alte sah sie nur fragend an.

Warum wollte Theodor Herzl weg aus Wien?

»Kommt ihr endlich?«, rief Jakob, der schon vorausgegangen war, »Hier ist ein Buch, das heißt ›Der Judenstaat‹.« »Unser Jakob!« Der alte Mann lachte laut. »Genau das Buch habe ich gesucht.« »Lass uns da reinspringen!«, baten die drei Kinder und umarmten den Alten. Dieser schlug dreimal mit seinem Stock auf den Boden. Lilli, Juri und Jakob waren sich sicher, dass sie in Israel landen würden. Umso erstaunter waren sie, als sie sich in einem großen, festlich geschmückten Saal wiederfanden. Um sie herum waren Hunderte von Menschen. Die Männer trugen dunkle Anzüge und weiße Hemden, viele hatten Vollbärte oder Schnurrbärte. Die Frauen hatten lange Röcke an, einige hatten ihre Haare aufwendig hochgesteckt, andere trugen Hüte. »Wir sind nicht in Israel. So viel steht fest. Ich habe dort Verwandte, die uns hin und wieder Fotos schicken. Die Leute in Israel tragen ganz normale Klamotten«, Juri sah an sich herunter, »ich meine, T-Shirts, Jeans und Turnschuhe.« »Wir sind in Basel im Jahr 1897«, sagte der alte Mann. Jakob überlegte einige Sekunden: »Also vor 109 Jahren und fast 50 Jahre vor dem Holocaust. Im Kopfrechnen bin ich spitze.« Juri rollte mit den Augen, verkniff sich aber einen spöttischen Kommentar und fragte: »Wer ist denn der Mann mit dem schwarzen Bart dort auf dem Rednerpult?« »Das ist Theodor Herzl, er kommt aus Wien, und er hat das Buch ›Der Judenstaat‹ geschrieben.« »Ist er Politiker? Ich dachte, er sei Schriftsteller«, sagte Lilli. »In seinem Buch ermahnte er die Juden, nicht länger in Europa zu leben. Er forderte sie auf, ins Land Israel zurückzukehren«, erklärte der Alte. »Aber wieso? Er sieht aus wie die deutschen Politiker in unseren Geschichtsbüchern, Bismarck und so. Ging es ihm schlecht in Wien?« »Eigentlich nicht«, sagte der Alte, »er war Journalist bei einer Zeitung und hatte eine schöne Wohnung.« »Aber warum wollte er dann weg?«, fragte Lilli. »Er hat den Antisemitismus gespürt und die Gefahr für die Juden vorausgesehen.« »Was ist

Antisemitismus?« »So nennt man Judenhass«, erklärte der Alte. »Obwohl Herzl wie viele andere Männer seiner Zeit aussah und perfekt Deutsch sprach, wie ihr ja hören könnt, hat er doch immer wieder gemerkt, dass Kollegen, Bekannte, sogar Freunde ihn als Juden betrachtet haben und Vorurteile gegen ihn hatten.« Lilli überlegte: »Das ist wie in unserer Klasse. Wir haben einige Kinder, die genauso gut Deutsch sprechen wie alle anderen und die auch genauso gekleidet sind wie alle, und trotzdem werden sie von manchen gehänselt und ausgeschlossen. Monika hat Ayse nicht zu ihrem Geburtstag eingeladen, weil sie aus einer türkischen Familie kommt.« Der alte Mann nickte: »Ja, du hast Recht. Das ist so ähnlich wie Antisemitismus.« »Pst!« Juri legte seinen Zeigefinger auf den Mund. »Hört mal zu, was Herzl sagt.« Der Mann auf dem Rednerpult räusperte sich, und die vier mussten gewaltig die Ohren spitzen, um etwas zu verstehen, denn es gab im Jahr 1897 noch keine Mikrofone.

Theodor Herzl forderte die Juden der ganzen Welt auf, ihre Länder zu verlassen, bevor es zu spät sei. Seine Stimme wurde immer lauter und eindringlicher. Sie sollten in das Land ihrer Vorväter zurückkehren und einen Judenstaat gründen. Zion sei die wahre Heimat der Juden. »Was ist denn Zion?«, flüsterte Jakob dem alten Mann zu. »Das ist ein anderes Wort für Jerusalem«, erklärte Lilli leise, »das haben wir im Religionsunterricht gelernt.« Die Anwesenden im Saal klatschten aufgeregt, als Herzl seine Rede beendet hatte. Der Applaus schien nicht enden zu wollen. »Bravo!«, riefen einige und erhoben sich von ihren Plätzen. »Die sind ja alle total begeistert«, stellte Lilli fest. Der Alte schüttelte den Kopf: »Die Leute hier im Saal vielleicht schon. Aber viele seiner Zeitgenossen hielten Herzl für verrückt. Viele Juden in der Zeit nach Moses Mendelssohn sahen sich gar nicht in erster Linie als Juden. Sie hielten sich für Deutsche oder Franzosen oder Engländer, je nachdem, in welchem Land sie lebten.« »Und deshalb wollten sie nicht nach Israel auswandern«, ergänzte Lilli. »Genau!« Der alte Mann nickte. »Sie wussten ja auch gar nicht, welche schrecklichen Zeiten und Ereignisse auf sie zukamen. Aber einige Anhänger hatte Herzl schon, wie ihr seht.« Er deutete auf die applaudierenden Männer und Frauen im Saal. »Herzl und seine Gefolgsleute nannten sich Zionisten. Was ihr hier erlebt, ist der erste Zionistische Kongress. Herzl und seine Anhänger haben sich hier in Basel versammelt, um über die Zukunft des Zionismus zu beraten.«

Nach Theodor Herzl betraten andere Männer das Podium. Eine Rede folgte der nächsten und Jakob begann sich allmählich zu langweilen. Juri gähnte und spielte mit seinem Handy: »Wie lange dauert das denn noch?« Der alte Mann schmunzelte und forderte die Kinder auf zu ihm zu kommen. Er umarmte sie und schlug dreimal auf den Boden.

Als Lilli die Augen öffnete, sah sie eine große Straße. Busse und Autos sausten an den Kindern und dem alten Mann vorüber. Beide Seiten der Straße waren gesäumt von kleinen Läden. Es gab Pizza-Buden, einen Imbiss mit Döner Kebab und Fleischspießen, eine Autowerkstatt, einen Kiosk. Am Ende der Straße ragte ein hohes viereckiges Hochhaus in den Himmel. Von der Straßenkreuzung aus konnte man das Meer sehen, auf dem die Sonne glitzerte.

»Wo sind wir denn jetzt gelandet?« Lilli sah sich neugierig um und machte einen Schritt auf die Straße. Ehe der alte Mann antworten konnte, hupte ein Taxi dicht neben ihr. Lilli erstarrte vor Schreck. »Hey, Mädchen, mach die Augen auf!« Der Taxifahrer gestikulierte wütend durch das offene Wagenfenster seines klapprigen Mercedes. Er trug eine Sonnenbrille, sein kariertes kurzärmeliges Hemd war weit aufgeknöpft, und auf seiner behaarten Brust prangte eine goldene Kette mit einem Davidstern als Anhänger. »Passen Sie doch selber auf!«,

schrie Lilli und trat zurück auf den Bürgersteig. Jakob stand vor einem Straßenschild: »Herzl-Straße. Wir sind in der Herzl-Straße? Wo sind wir?« Der Alte strahlte: »Willkommen in Israel. Das hier ist die erste Straße von Tel Aviv. Früher gab es hier nur Strand, bis die Zionisten – ihr erinnert euch, das waren die Leute, die wir in Basel gesehen haben –, bis die Zionisten also vor dem Ersten Weltkrieg an dieser Stelle die erste moderne jüdische Stadt in Palästina errichtet haben. Sie haben überall im Land Grundstücke gekauft und Siedlungen gegründet. Später hat man diese Straße, auf der wir jetzt stehen, Herzl-Straße genannt, nach dem Gründer der Bewegung.« »Was ist das für ein hässliches Hochhaus?« »Da sind Büros drin. Früher stand an dieser Stelle das Herzl-Gymnasium.« Jakob musste grinsen: »Oh je, wenn Theodor Herzl wüsste, dass eine so hässliche Straße nach ihm benannt wurde.« »Na ja, das ist doch nicht so wichtig«, sagte Lilli. Der Alte nickte zustimmend: »Das stimmt. Schließlich wurde sein Traum, den er in dem Buch ›Der Judenstaat‹, beschrieben hatte, wahr. Außerdem gibt es in fast jeder israelischen Stadt eine Herzl-Straße, und einige von ihnen sind sehr schön.«

Welche Sprache spricht man in Israel?

Sie überquerten die Straße, was gar nicht so leicht war: Ein LKW hupte, zwei Mopedfahrer unterhielten sich an einer Ampel und blockierten den Verkehr, was wiederum zu einem ungeheuren Tumult führte, ein Bus schloss quietschend seine Türen. »Kommt, wir nehmen den Bus und fahren nach Jerusalem.« Der Alte war schon einige Schritte vorausgegangen, und die Kinder mussten aufpassen, ihn nicht aus den Augen zu verlieren. Am Busbahnhof herrschte ein reges Treiben. Busse wurden be- und entladen, viele Leute stiegen ein und aus. Schließlich hatten sie sich zu dem richtigen Bus durchgefragt. Sie quetschten sich durch den Gang und nahmen Platz. Das Fahrzeug schlängelte sich durch die Straßen von Tel Aviv und fuhr endlich auf die Autobahn auf. Jakob presste sein Gesicht an die Fensterscheibe. Die Hochhäuser von Tel Aviv zogen an ihm vorüber. Am Seitenstreifen der Autobahn standen Schilder, die die kommenden Ortschaften und Ausfahrten ankündigten. Die Schilder waren dreisprachig. »Die hebräische Schrift haben wir schon oft im Museum gesehen«, sagte Jakob, »leider kann ich sie nicht lesen.« »Und das unten ist geschrieben wie die deutsche Sprache. Da steht: Jerusalem, 70 Kilometer«, sagte Lilli. »Aber die Schrift über der lateinischen kenne ich nicht. Sie sieht aber sehr schön aus«, sagte Jakob und sah immer noch gebannt aus dem Fenster. »Herzl überlegte, ob man nicht Deutsch als Landessprache in Israel einführen sollte, aber seine Anhänger waren dagegen …« »Wieso das? Es wäre doch toll, wenn alle Israelis Deutsch sprechen würden«, unterbrach ihn Jakob. Der Alte fuhr fort: »Die meisten Juden in der Diaspora haben eigentlich nur noch in der Synagoge Hebräisch gesprochen. Im Alltag sprachen sie wie die Bevölkerung um sie herum: also Deutsch, Englisch, Russisch, Französisch oder Arabisch. Aber die meisten Zionisten waren der Meinung, dass sie, wenn sie schon in ihr Land zurückkehrten, auch wieder ihre alte Sprache beleben sollten. Das war aber gar nicht einfach.« »Was ist daran so schwer?«, fragte Jakob. »In der biblischen Zeit, als das alte Hebräisch ge-

sprochen wurde, gab es zum Beispiel noch keinen Strom, keinen Computer, kein Telefon, keine Handys. Also gab es auch keine Wörter für diese Dinge.« »Genau«, sagte Juri, »als man Hebräisch wiederbelebte, musste man viele neue Wörter erfinden. Und alle Leute, die nach Israel kamen, mussten Iwrit, das neue Hebräisch, lernen.« Der alte Mann nickte: »Mittlerweile ist Iwrit die Muttersprache der meisten Israelis. Sie wachsen mit ihr auf. In der Schule wird in dieser Sprache unterrichtet, es gibt hebräische Bücher und Zeitungen.«

»Oh, nur noch 60 Kilometer nach Jerusalem«, rief Jakob aufgeregt. Lilli überlegte: »Und wofür sind die lateinischen Buchstaben auf den Schildern?« »Das ist für die Touristen, die kein Hebräisch können.« »Und die andere Schrift, die

ELIESER BEN JEHUDA

Die Ehefrau von Elieser Perlmann hatte es nicht leicht. 1881 beschloss das Paar, Paris zu verlassen und nach Palästina auszuwandern. Als sie in Jaffa ankamen, bat Elieser seine Frau Debora, ihm zu versprechen, in ihrem neuen Zuhause und in ihrer Familie ausschließlich Hebräisch zu sprechen.

Die beiden bekamen fünf Kinder, und tatsächlich wurde bei der Familie Ben Jehuda, so der neue Nachname, den Elieser und Debora angenommen hatten, nur Hebräisch gesprochen. Die Ben-Jehuda-Kinder lernten als Muttersprache also Hebräisch. Debora litt sehr unter diesem Experiment, denn sie musste ja diese Sprache auch erst richtig lernen. Ihr Mann aber tat alles, um die uralte Sprache in eine moderne Sprache zu verwandeln. Er gründete Zeitungen, verfasste ein Wörterbuch und kämpfte dafür, dass Iwrit, wie man das moderne Hebräisch nennt, die Unterrichtssprache in den jüdischen Schulen Palästinas wurde.

Elieser Ben Jehuda starb 1922 in Jerusalem. Was als seltsamer Versuch einer einzelnen Familie begann, wurde schließlich ein großartiger Erfolg. Iwrit ist heute die Sprache von über sieben Millionen Israelis.

PALÄSTINA
Palästina hat in seiner Geschichte viele Herrscher gesehen. Nach der Zerstörung des Tempels im Jahr 70 herrschten zunächst die Römer über diesen Landstrich, danach die Byzantiner. Das waren christliche Herrscher, die ihr Machtzentrum in Konstantinopel, dem heutigen Istanbul, hatten. Dann wurde die Gegend von Muslimen erobert. Sultan Saladin herrschte hier und seine Nachfolger. Schließlich wurde Palästina Teil eines riesigen islamischen Imperiums, des Osmanischen Reichs.

Im Ersten Weltkrieg eroberten die Briten Palästina. Es war ihnen klar, dass es diese Region in sich hatte. Hier lebten Muslime, Juden und Christen. Die Stadt Jerusalem galt den Mitgliedern dieser drei Religionen als heilig, alle erhoben Anspruch auf sie. Im Jahr 1917 erließen die Briten die sogenannte Balfour-Deklaration, die besagte, dass die Juden in Palästina eine »nationale Heimstätte« bekommen sollten. In diesem Schriftstück wurde aber auch betont, dass die Rechte der in Palästina lebenden Araber dadurch nicht beeinträchtigt werden sollten. Die Balfour-Deklaration war ein wichtiger Schritt für die Zionisten auf dem Weg zum eigenen Staat.

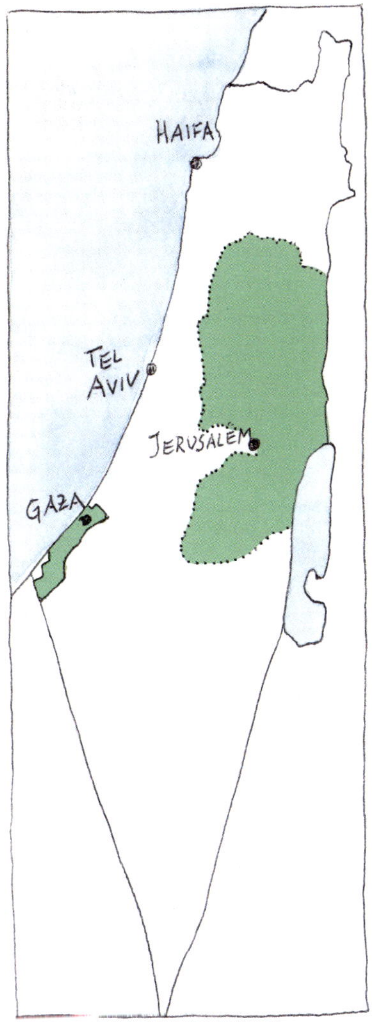

aussieht wie Luftschlangen?«, fragte Jakob. »Das ist Arabisch.« »Häh? Wieso Arabisch?« Jakob kratzte sich am Kopf. »Ich dachte, dass Israelis und Araber sich nicht leiden können?« Der alte Mann nickte: »Erez Israel, wie die Juden es nennen, war kein leeres Land. Hier lebten und leben Araber. Vor vielen hundert Jahren haben sie das Land erobert.« »Haben sie es den Römern weggenommen?«, fragte Lilli. »Nein, sondern dem christlichen Reich, zu dem Palästina nach der Römerzeit gehörte, Byzanz. Wieder einige hundert Jahre später haben die Osmanen das Land erobert.« »Wer sind denn nun wieder die Osmanen?« Jakob war verwirrt. »Das waren muslimische Herrscher aus der heutigen Türkei.«

EREZ ISRAEL – PALÄSTINA

Das Heilige Land nennen die Juden Erez Israel, das heißt: Land Israel. Manchmal wird es von ihnen auch Zion genannt. Die Christen bezeichnen Israel als das Heilige Land, weil Jesus hier geboren wurde und gewirkt hat. Die Araber, die in diesem Landstrich leben, haben einen anderen Namen für das Land. Sie nennen es Palästina. Sie haben auch einen anderen Namen für Jerusalem: Al Quds.

»Und dann kamen die Juden zurück!« »Nein, noch nicht«, der alte Mann schüttelte den Kopf. »Im Ersten Weltkrieg haben die Engländer die Gegend hier eingenommen und den Zionisten in Europa versprochen, dass sie hier eine Heimat bekämen.« »Mann, das ist ganz schön kompliziert.« Jakob verdrehte die Augen. »Und was passierte dann?«, fragte Lilli. Der alte Mann runzelte die Stirn: »Gewalt brach aus zwischen den Juden und den Arabern, die hier lebten – sie nennen sich übrigens Palästinenser, und das Land hier nennen sie Palästina. Im Jahr 1947 entschieden die Vereinten Nationen, also die Regierungen fast aller Völker der Erde, dass man das Land teilen sollte. Eine Hälfte für die Juden und eine Hälfte für die Araber. Aber die Araber wollten diese Entscheidung nicht akzeptieren, und es kam zum Krieg, den die Israelis gewonnen haben. Man nennt diesen Krieg in Israel Unabhängigkeitskrieg.«

Sie fuhren an einem großen Flughafen vorbei. Ein Jumbo setzte gerade zur Landung an. »Ah, kuck mal, Lufthansa, das Flugzeug kommt aus Deutschland.« »Flughafen Ben-Gurion«, las Lilli laut vor, »komischer Name.« »David Ben-Gurion war das Oberhaupt des Staates Israel zur Zeit des Unabhängigkeitskriegs und auch später.« »Und was passierte nach der Niederlage der Araber mit den Palästinensern?«, fragte Lilli. »Etwa ein Drittel der palästinensischen Bevölkerung floh in die angrenzenden arabischen Länder, nach Jordanien, Syrien, Ägypten und in den Libanon. Ein Drittel wurde von den Israelis vertrieben. Auch sie flohen in die Nachbarländer. Und ein weiteres Drittel blieb im Staat Israel. Sie sprechen Arabisch, aber sie sind Israelis. Deshalb ist Arabisch eine offizielle Sprache in Israel.«

Wer lebt in Israel?

Der Bus fuhr nun bergauf. Jakob sah sich unter den Mitfahrenden um. Vor ihnen saßen zwei blonde Mädchen, etwas älter als Lilli. Der Busfahrer dagegen war schwarz. Jakob wunderte sich: »Gibt es auch schwarze Juden?« »Ja«, antwortete der alte Mann, »in Äthiopien lebten viele Juden. Auch sie wanderten nach Israel ein. Die Eltern der beiden blonden Mädchen hier drüben kommen wahrscheinlich aus Russland. Andere Juden kamen aus Polen, Deutschland, Marokko, aus dem Irak und aus vielen anderen Ländern.« »Waren die alle Zionisten?«, fragte Lilli überrascht. Der Alte lächelte: »Nein, viele kannten Herzl gar nicht. Sie kamen nach Israel, weil sie aus ihren Ländern vertrieben wurden oder weil sie sich hier einfach eine bessere Zukunft erhofften. Viele Einwanderer kamen und kommen als Flüchtlinge. Der Staat Israel unterstützt jeden Juden, der hierherkommen möchte.«

Der Bus schaukelte weiter eine recht steile Straße hinauf. Rechts und links der Straße konnte man schon die Vororte von Jerusalem sehen. Die Stadt sah völlig anders aus, als die Stadt Salomons, die Jakob und Lilli aus ihren früheren Reisen kannten. Das Jerusalem, das jetzt vor ihnen lag, war eine moderne Stadt.

Lilli bemerkte, dass Juri sehr schweigsam geworden war. »Will deine Familie auch nach Israel auswandern, Juri?« Er sah immer noch aus dem Fenster: »Nein. Einige Tanten und Onkel leben zwar hier und ich fühle mich schon verbunden mit dem Land, aber eigentlich möchte

ich in Deutschland leben.« Er sah Lilli an und lächelte. Der alte Mann sagte: »Über die Hälfte der Juden in der Welt lebt außerhalb von Israel, zum Beispiel in den Vereinigten Staaten von Amerika, in Frankreich, in England und auch in Deutschland, in vielen Ländern.« Jetzt lächelte auch Lilli und wandte sich an Juri: »Gut. Ich bin froh, dass du in Berlin bleibst.«

Quietschend bremste der Bus und fuhr in den zentralen Busbahnhof. Jakob, Juri, Lilli und der alte Mann stiegen aus und sahen sich um. Sie standen direkt vor einem Stand, vor dem knallrote Plastikschüsseln mit Essiggurken, Tomaten, Zwiebelringen und Paprikaschnitzen aufgebaut waren. Es roch verführerisch. »Falafeln sind eigentlich eine arabische Spezialität, aber den Israelis schmecken sie auch, und jetzt sind sie die Nationalspeise der Israelis. So ähnlich wie Würstchen und Sauerkraut in Deutschland«, erklärte Juri. »Kennt ihr das? Ich liebe Falafeln.« Jakob schüttelte den Kopf. Neben ihnen stand ein Mann, der ein Pitabrot in Händen hielt. »Sieht ein bisschen aus wie ein Döner«, sagte Jakob, »aber was sind das für Bällchen? Ist das Hackfleisch?« »Nein«, erwiderte Juri, »das ist frittierter Kichererbsenbrei. Die Bällchen steckt man in eine Pitatasche. Tomaten, Zwiebeln, Peperoni und Gurken dazu, eine scharfe Soße drüber ... Mhm!« Die vier bestellten Falafeln. Es war nicht ganz einfach, von den prall gefüllten Pita-

broten abzubeißen, ohne sich Soße übers T-Shirt zu kleckern. Juri schmatzte: »Die sind bestimmt auch koscher, oder?« »Bestimmt!« Der alte Mann kaute genüsslich auf einem Stück saurer Gurke, »die meisten Geschäfte und Restaurants halten sich an die jüdischen Speisegesetze.« »Essen die Israelis auch daheim koscher? Und arbeiten sie am Schabbat nicht?«, fragte Jakob. »Sehr viele essen koscher, aber meistens deshalb, weil sie das schon immer so gemacht haben, aus Tradition. Der Ruhetag in Israel ist der Samstag, nicht der Sonntag wie in Deutschland. Aber es gibt viele Israelis, die nicht in die Synagoge gehen. Es gibt ja auch viele Deutsche, die am Sonntag nicht in die Kirche gehen, oder?«, antwortete der alte Mann. »Aber seht ihr da drüben die Männer mit den schwarzen Hüten, den langen Bärten und den Mänteln? Das sind fromme Juden, die auch heute noch streng nach den jüdischen Gesetzen leben. Aber sie sind nur eine Minderheit in Israel.«

Die vier gingen die Straße entlang. Wie in Tel Aviv war auch hier viel los, Taxis hupten und Busse quetschten sich durch die engen Straßen. »War David Ben-Gurion ein König, so wie Salomon?«, fragte Jakob und sah sich das Schaufenster eines Jeansladens an. Der Alte lachte laut: »Nein. Seit der Zerstörung des Tempels gibt es bei den Juden nur noch auf den Tora-Rollen kleine Kronen. Erinnert ihr euch? Die haben wir in Worms gesehen. Im heutigen Israel gibt es ein Parlament, wie in Deutschland.« Sie gingen ein Stück weiter, und der alte Mann deutete mit dem Zeigefinger auf ein flaches Gebäude: »Das da ist quasi der israelische Bundestag. Man nennt das Parlament hier Knesset. Kommt mit.« Die Kinder folgten ihm durch einen Park. Vor

der Knesset stand ein großer siebenarmiger Leuchter. »So einen Kerzenständer habt ihr doch zu Hause, stimmt's Juri?« Juri nickte: »Ja klar, aber natürlich viel kleiner.« Der alte Mann erklärte weiter: »Die Menora ist das Symbol des Staates Israel, wie der Adler das Symbol Deutschlands ist. Die ursprüngliche Menora stand im Tempel und wurde von den Römern zusammen mit dem Tempelschatz geplündert.« »Aber wenn das das Symbol Israels ist, warum ist dann auf der Fahne da«, Lilli deutete auf eine blau-weiße Flagge, die hoch über ihnen flatterte, »ein Stern und nicht die Menora?« »Man glaubt, dass die Krieger Davids, des jüdischen Königs, vor langer Zeit Schilder getragen haben, auf denen dieser Stern zu sehen war. Deshalb nennt man ihn Magen David, Schild Davids.«

»Können wir in die Knesset gehen? Meine Mutter hat mir erzählt, dass es dort ziemlich heftige Streitereien gibt. Das würde ich gerne sehen«, sagte Juri und rieb sich die Hände. Aber Jakob verzog das Gesicht: »Nicht schon wieder so eine blöde Versammlung. Wir waren doch erst auf diesem langweiligen Kongress in Basel.« »Gut«, sagte der Alte, »gehen wir eben in die alte Stadt. Sollen wir ein Taxi nehmen?« »Nein, lass uns lieber zu Fuß gehen, dann sehen wir mehr«, sagte Lilli. Nach einiger Zeit erreichten sie das Jaffa-Tor in der mächtigen Stadtmauer,

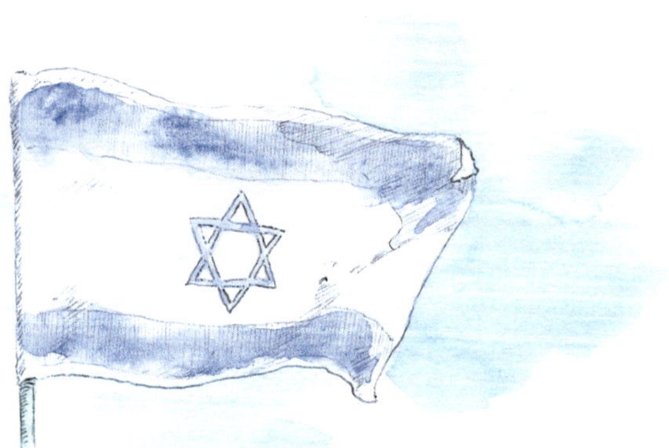

die die Altstadt umgibt. »Als wir mit Mama und Papa in Venedig waren, hat unser Stadtführer immer einen Schirm hochgehalten, damit wir nicht den Anschluss verlieren. Du kannst ja vielleicht deinen Stock hochhalten«, sagte Lilli und grinste den alten Mann an. »Na, na, na! Mach dich nicht über mich und meinen Stock lustig.«

Im Basar der alten Stadt wimmelte es nur so von Touristen, Händlern und Pilgern. In den engen Gassen des Basars reihte sich ein Laden an den anderen. Es gab

ORTHODOXE JUDEN

Einen frommen Christen erkennt man vielleicht daran, dass er oder sie ein Kreuz an einer Kette um den Hals trägt oder am Sonntag regelmäßig in den Gottesdienst geht. Ansonsten aber gibt es kaum etwas an der Kleidung oder dem Aussehen eines Christen, das ihn oder sie als solchen erkennbar macht. Bei frommen Muslimen ist das anders. Die Mädchen und Frauen tragen oft ein Kopftuch und längere Röcke. Die Männer lassen sich häufig einen Vollbart wachsen.

Besonders fromme Juden oder orthodoxe Juden, wie man sie auch nennt, kann man meistens recht leicht erkennen. Die Männer tragen einen Bart, schwarze Anzüge und einen schwarzen Hut, da Männer den jüdischen Gesetzen zufolge ihren Kopf bedecken sollen. Manchmal ist es aber ein bisschen umständlich, einen großen Hut zu tragen, deshalb gibt es die Kippa, das ist ein kleines rundes Käppchen aus Stoff. Manche sind auch gehäkelt. Einige Männer lassen sich die Haare an den Schläfen lang wachsen. Viele jüdische Frauen bedecken auch den Kopf, aber nicht mit einer Kippa oder einem Herrenhut, sondern mit einem Tuch oder einer Perücke, wichtig ist jedenfalls, dass ihr eigenes Haar nicht zu sehen ist. Wie muslimische Frauen verzichten auch jüdisch-orthodoxe Frauen auf Miniröcke und kurzärmelige T-Shirts.

Orthodoxe Juden leben meist in ihren eigenen kleineren Gemeinden und geben sich besonders viel Mühe, alle jüdischen Gebote und Verbote einzuhalten. Solche frommen jüdischen Gemeinden gibt es in Israel, aber auch in Europa und in den USA. Um fromm zu sein, muss man aber natürlich nicht unbedingt Anzüge oder lange Röcke anziehen. Es gibt auch viele gläubige Juden, die Jeans und T-Shirt tragen. Manche bedecken ihren Kopf nicht mit einer Kippa, sondern mit einer Baseball-Kappe. Das geht auch!

Lederwaren und Schmuck, Kleidung, Elektrogeräte, Süßigkeiten, Gemüse und Obst, aber auch geschnitzte Holzkreuze, Rosenkränze und Heiligenfiguren. Die Kinder waren überwältigt von den verschiedenen Farben und Düften und von der Vielfalt der in den winzigen Geschäften feilgebotenen Waren. Vor sich sahen sie auf einmal eine Gruppe von Menschen, die laut sangen und beteten. Ein Mann an der Spitze der Gruppe trug ein langes Kreuz auf seinen Schultern. Lilli, Juri, Jakob und der alte Mann folgten den Pilgern zu einer großen Kirche. »Das hier ist die Grabeskirche«, erklärte der Alte, »die Christen glauben, dass Jesus hier begraben wurde nach seiner Kreuzigung.« Die vier betraten die Kirche. Es dauerte einige Sekunden, bis sie etwas sehen konnten, denn ihre Augen mussten sich erst an die Dunkelheit gewöhnen. Es roch nach Weihrauch. Lilli konnte es kaum glauben: »Hier ist echt Jesus begraben worden? Wahnsinn.« Jakob fuhr gedankenverloren mit seinen Fingern über die alten Holzbänke und schaute mit offenem Mund auf die prächtigen Ikonen, die die Wände zierten. Nach einiger Zeit verließen sie die Grabeskirche. Sie folgten dem alten Mann durch die engen, verwinkelten Gässchen und erreichten schließlich die Klagemauer. Jetzt war Juri ganz aufgeregt: »Das ist die westliche Mauer des alten Tempels.« Vor einer hohen Mauer aus Steinblöcken beteten Hunderte Juden. Der Platz unmittelbar vor der Mauer war geteilt. Auf der einen Seite standen Männer – viele von ihnen trugen schwarze Anzüge, dunkle Hüte und hatten lange Bärte, andere hatten Jeans und T-Shirt an, wieder andere trugen Militäruniform –, auf der anderen Seite Frauen, die in Gebetbücher vertieft waren. Kinder sprangen umher und spielten.

Einige Männer und Frauen steckten kleine Papierzettel in die Ritzen zwischen den Steinen. »Was steht denn auf den Zetteln?«, fragte Jakob. »Juden glauben, dass die Wünsche und Bitten, die man in die Mauer steckt, in Erfüllung gehen. Als vor einigen Jahren Papst Johannes Paul II. in Jerusalem war, hat auch er seine Wünsche auf einem Zettel in einen Mauerspalt gesteckt.« »Toll, lasst uns den Wunschzettel des Papstes suchen!« Schon steuerte Jakob auf die Mauer zu, aber Juri packte ihn am T-Shirt: »Du kannst doch nicht die Zettel der Gläubigen lesen! Das geht dich überhaupt nichts an!« Jakob fühlte sich ertappt und wurde rot. »Was ist das für eine goldene Kuppel, dort?«, fragte Lilli dazwischen. »Das ist der Felsendom, und daneben seht ihr die Al-

Aksa-Moschee. Diese Gebäude und die ganze Stadt Jerusalem sind heilig für die Muslime«, erklärte der alte Mann. »Sie glauben, dass Muhammad von hier aus mit seinem Pferd in den Himmel aufstieg. Ihr beide, Lilli und Jakob, ihr könnt die Moschee und den Felsendom besichtigen. Aber Juri und ich dürfen diesen Ort nicht betreten. Ihr erinnert euch an unsere Verhaftung bei König Salomon? Nur die Priester dürfen in den Tempelhof, und der lag da, wo die Moschee jetzt steht. Auch wenn der Tempel nicht mehr da ist, so gilt doch das Verbot noch immer.« Jakob stellte sich neben den alten Mann: »Nein. Wir bleiben bei euch. Aber irgendwann will ich den Felsendom sehen, er sieht schön aus!«

Allmählich wurde es Abend. Und ein besonders warmes, gelbes Licht färbte die Stadt golden. Der Muezzin rief von einem Minarett, die Juden vor der Klagemauer murmelten ihre Gebete, und die Glocken der Grabeskirche läuteten. »Das ist Jerusalem, die goldene Stadt«, sagte der alte Mann, »die Hauptstadt des jüdischen Staates und eine heilige Stadt für Juden, Christen und Muslime.« Er umarmte die Kinder und schlug dreimal mit seinem Stock auf den Boden.

Plötzlich standen die vier vor dem Museum »Checkpoint Charly«, am ehemaligen Grenzübergang zwischen Ost- und Westberlin. »Das Museum kenne ich. Da war ich mit meiner Klasse letztes Jahr drin«, sagte Juri, »aber was sollen wir hier? Was hat das mit Theodor Herzl und Israel zu tun?« Der alte Mann schaute sich etwas verdrossen um: »Tja, manchmal fällt es mir schwer, durch die Bücher zu navigieren. Manchmal führen mich meine Gedanken an andere Plätze. Nach dem Unabhängigkeitskrieg haben die Israelis nur die Hälfte Jerusalems erobert, nur den Westen. Eine Mauer teilte die Stadt. Die Altstadt, aus der wir gerade kommen, war in arabischer Hand. Zwanzig Jahre später, 1967, gab es einen weiteren Krieg zwischen Israel und seinen arabischen Nachbarn, und Israel hat auch den Ostteil Jerusalems und weitere Gebiete, den Gaza-Streifen und das sogenannte Westjordanland, erobert.« »Und was ist mit der Mauer?«, fragte Lilli. »Man hat sie zerstört wie hier in Berlin. Aber die Palästinenser betrachten trotzdem Jerusalem und das ganze Land Israel als ihre Heimat. Viele sehen nicht ein, dass ihnen nur Teile Palästinas als eigener Staat zur Verfügung stehen sollen. Umgekehrt gibt es viele Israelis, die kein Stückchen Land an Palästinenser abgeben wollen. Und so kämpfen Israelis und Palästinenser noch immer um das Land.« Der alte Mann seufzte. »Und wie soll das weitergehen?« Lilli sah ihn fragend an. Der Alte zuckte die Schultern und sagte traurig: »Man baut wieder eine neue Mauer und teilt das Land.« »Echt? Aber warum? Das verstehe ich nicht«, sagte Jakob. »Kannst du nicht ein Buch finden, das uns das erklärt?« Der alte Mann umarmte die drei Kinder, und sie waren sicher, dass er sie auf eine weitere Reise mitnehmen würde. Aber zu ihrer Verwunderung schlug der Alte nicht mit seinem Stock auf den Boden: »Nein, mein Junge, die Reise im ›Judenstaat‹ heute war unsere letzte Reise.« »Wieso? Aber wir wissen doch noch gar nicht alles über das Judentum. Ich habe noch so viele Fragen«, sagte Lilli. »Und wir wissen auch immer noch nicht, wie du heißt!« Der Alte wirkte auf einmal müde: »Stimmt. Aber wisst ihr, die Juden haben keinen Namen für mich. Sie kennen mich als den alten Mann, der sie seit ewigen Zeiten begleitet, der ihr Schicksal teilt.« Er strich sich über den weißen Bart. Dann reichte er den Kindern den Stock: »Hier, den schenke ich euch. Jeder kann durch und mit Büchern reisen, andere Länder und Zeiten kennenlernen. Das ist die Macht der Bücher. Jetzt braucht ihr mich nicht mehr. Ihr könnt alleine reisen.« Lilli umarmte ihn: »Ja. Du hast uns gezeigt, dass Bücher wirklich mächtig sein können. Ein kleines Buch wie ›Der Judenstaat‹ konnte die Juden aus aller Welt in ihre Heimat zurückbringen. Und Bücher wie die Tora und die Haggada haben die Erinnerung des jüdischen Volkes an seine Heimat und seine Gesetze und Sitten lebendig gehalten.« Der alte Mann lächelte: »Die Juden waren Könige, Krieger, Schriftsteller und Bauern …« »Und Räuber«, fiel im Jakob ins Wort. »Stimmt«, der Alte lachte, »aber Juden sind vor allem bekannt als das Volk des Buches. So nennen sie sich selbst und so werden sie von Christen und Muslimen genannt. Leiht ihr mir noch einmal kurz den Stock?« Der alte Mann nahm seine Kappe ab, setzte sie Jakob auf den Kopf, umarmte Juri und gab Lilli einen Kuss auf die Stirn. Dann zog er ein Buch, dessen Titel die Kinder nicht lesen konnten, aus seiner Tasche, schlug es auf und klopfte dreimal mit dem Stock auf den Boden. Er sprang in das Buch und war verschwunden.

Zeittafel

Einige Persönlichkeiten der jüdischen Geschichte lebten in so ferner Vergangenheit, dass man den genauen Zeitpunkt nicht mehr bestimmen kann. Unsere Geschichtsbücher reichen nicht so weit zurück. Um Abraham und andere Personen der Bibel trotzdem ungefähr zeitlich einordnen zu können, wurden sie auf der Zeitskala mit einem Fragezeichen versehen.

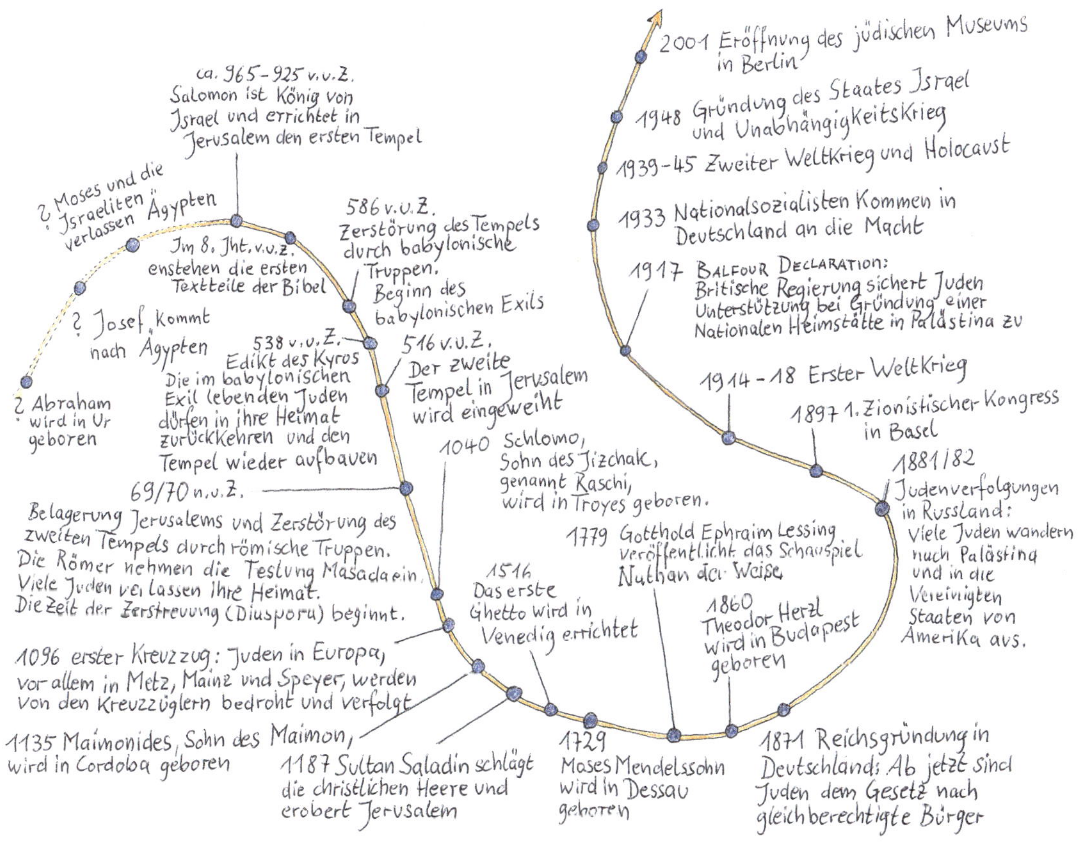

Das hebräische Alphabet

auch Alefbet genannt, ist sehr alt und entwickelte sich aus dem Alphabet der Kanaaniter und Phönizier. Die Kanaaniter waren die ältesten bekannten Bewohner Palästinas. Die Phönizier lebten in der Antike an der Mittelmeerküste des Nahen Ostens, etwa dort wo heute Israel und der Libanon sind. Das Alefbet ist das Alphabet des alten Hebräisch, aber auch des modernen Iwrit.

א	a	Aleph
בּ	b	Bet
ב	v	Vet
ג	g	Gimmel
ד	d	Daled
ה	h	He
ו	v	Waw
ז	s	Sajin
ח	ch	Chet
ט	t	Tet
י	j	Jod
כ	ch	Chaf
ך	ch	End-Chaf
כּ	k	Kaf
ל	l	Lamed
מ	m	Mem
ם	m	End-Mem
נ	n	Nun
ן	n	End-Nun
ס	s	Samech
ע	a	Ajin
פ	f	Fe
ף	f	End-Fe
פּ	p	Pe
צ	ts	Zadi
ץ	ts	End-Zadi
ק	k	Kof
ר	r	Resch
שׁ	ß	Schin
שׂ	s	Ssin
ת	t	Tof

Die Kinder-Uni entstand aus einer gemeinsamen Initiative des Schwäbischen Tagblatts und der Eberhard Karls Universität Tübingen.

Genehmigte Lizenzausgabe für Impian GmbH, Leverkusen, 2024

Umschlaggestaltung: Nele Schütz Design
unter Verwendung von Illustrationen von Bernd Wiedemann
Druck und Bindung: UAB BALTO print
Printed in Lithuania

ISBN 978-3-96269-172-1

www.impian.de